抗戰勝利前後
國民政府的審計工作
（1945）

The Audit of Nationalist Government,1945

導言

侯嘉星

國立中興大學歷史學系助理教授

一

　　中國近代史眾多議題當中，最受學者關心的焦點之一，即是探討現代國家建構（State Building）之過程，圍繞著國家建構經驗所展開之制度規劃、現代化事業、教育文化改造，乃至社會生活變遷等各種豐富多元的探討。毫無疑問，中國現代國家之建構，深受十九世紀以來歐洲經驗的影響，藉由模仿而引進共和政體、議會制度，逐漸形成現代中國之雛形。在這些體制中，審計制度乃為全新之經驗，有別於傳統中國隸屬於戶部之國家收支劃分，而是在政府當中建立一個全新的獨立監察機構，可以說是對現代國家財政紀律的初步嘗試。

　　審計部門為現代國家控制預算決算之機構，1912年9月，北京政府成立了獨立的審計處，直屬國務院。1914年改稱審計院，位階提升為總統府下一級單位。審計工作之重要性，關乎現代行政組織之運作，彼時相當於臨時憲法之《中華民國約法》中第57條載明，「國家歲出歲入之決算，每年經審計院審定後，由大總統提出報告書於立法院請求承諾。」換言之，預算經立法院通過後，仍以審計院進行決算之管制，藉此規範政府財政運作。1928年南京國民政府成立後，將審計院改

隸於國民政府，至 1931 年五院成立後，成為監察院之
審計部。1914 年北京政府公布《審計條例》作為審計
工作之法律依據，1925 年 11 月，廣州國民政府成立不
久，也通過《審計法》，藉由制度規範達到財政控管的
目標。當然，從這些對審計事業的追求中，也能發現藉
由建立歲出歲入的預算決算制度，以及獨立查核機構，
從而成為現代行政體體制的基礎。

　　由於審計工作關乎現代國家建構，早在 1930 年
代，已有不少關於審計、國家預算的討論，例如《近代
各國審計制度》（1931）、《我國現行事前審計制度》
（1934）、《中國政府審計》（1947）、《政府審計原
理》（1947）等等，顯示時人對審計制度頗為重視。此
外，中華民國審計部編有《中華民國政府審計史記》
（1986）、《中華民國政府審計史記續編》（2016），
從其機關沿革史能觀察審計工作之變遷。受近年來民國
熱之影響，大陸學界也推出不少審計預算相關著作，先
是由二檔館推出的《中國會計史料選編》（1990）、
《中國審計史綱要》（1990）等官方編修之史料集，接
著陸續出現如《中國審計史》（2004）、《中國審計史
稿》（2006）等研究著作，相關博碩士論文更多達數十
種，都顯示審計作為國家建構之一環，在現代國家體制
引進的過程中深受學者重視。

二

　　當然，必須要指出的是，過去這些關於近代中國審
計制度的研究，多半是由政治學、會計學或公共行政方

面的學者所完成。即便是廿一世紀以後數十篇的學位論
文，也集中於審計學院、財經學院等科系，歷史學家
們對此課題的投入，遠較上述社會科學方面的研究者更
少。細思史學對審計工作涉獵不深的原因，除了該工作
充滿枯燥之數字外，還包括民國時期特殊時代背景對審
計制度的限制，儘管二十世紀初期中國朝野人士，已有
引進審計制度，建立財政紀律的構想，但是在現實環境
中，此一制度的發展仍跌跌撞撞，備受挑戰。民國時期
審計工作推行之阻礙，大抵有以下四點：

　　首先是無論北京政府或南京政府時期，國家財政收
入枯竭，中央政府的歲入歲出大量仰賴外債、公債，導
致財政運作體制十分不健全。由於國家財政運作已極困
難，甚至很多時候必須放任地方或軍方自行籌措財源，
自然導致中央政府建立之監察審計制度，難以真正落
實。此一現象在北京政府時期尤為嚴重，雖然中央已設
立審計院，但省級的審計處卻長期付之闕如。直到國民
政府成立後，加強各省財政紀律，才使審計工作在地方
上有所推展。

　　其次，在中央政府的財政支出方面，自民國成立之
際，審計部門原則上已建立以各部會為基準之國家總
預算制度。至 1914 年時該制度在袁世凱強勢領導下仍
具雛形，但隨著北洋軍閥陷入混戰、中央政府各派系分
別把持，財政系、交通系等各自掌握派系所屬財源後，
國務院對所屬部會之控制力下降。及至 1916 年袁世凱
過世後，北京政府的運作越形困難，乃於 1920 年代達
到高峰。在此困難環境下，審計部門的工作自然也受到

政府控制力衰弱的影響，並未能真正發揮作用。相較之
下，南京國民政府建立後，對國家總預算制度頗有堅
持，也十分重視審計工作，1931 年的《國民政府組織
法》中設立五院制度，更明定監察院之職權為彈劾與審
計。在國民政府努力下，至抗戰前，已有二十餘個省市
設有審計處，逐漸推動政府對地方的財政管理。

其三，審計工作推行之困難的另一端，其實是中央
與地方之角力。北京政府時期，中央對地方的控制力不
強，使得地方財政運作各自為政。國民政府成立後仍然
面臨中央與地方對抗的老問題，除了部分國府能直接控
制的省分外，許多地方仍必須與當地實力派合作。然而
相較於北京政府更有利的是，國府推動之關稅改革、稅
務改革、建立文官體系等工作，以及隨著中原大戰、剿
共等戰役加強對地方的控制逐漸取得成果，至少在省級
的財政監理工作較有進展。換言之，審計工作所表現之
中央與地方角力，無疑也是現代國家建構中不可忽視的
一環。

最後，近代中國的審計工作，不可避免深受戰爭的
影響，北京政府時期受到軍閥混戰的限制；南京政府時
期則因中日戰爭爆發，進入戰時體制後有很大衝擊。
雖然至 1937 年以前，國民政府努力建立獨立的審計制
度，但戰爭爆發後，各戰區的財政籌措、各省政府轉進
山區後的運作等，勢必難以繼續遵循戰前的制度。不僅
如此，中央政府的運作，也因為戰時體制的緣故，重心
轉移到軍事委員會，行政院乃至五院運作都相形失色。
在戰爭的影響下，軍費成為國家主要支出，而審計工作

又偏重於行政部門，造成結果便是佔歲出大宗的軍事用途，成為監察審計難以兼顧的範疇，自然對整體政府財政紀律有所影響。抗戰爆發後，國民政府並非沒有注意到此問題，重慶方面仍希望能掌握軍隊財政紀律，然而人手有限的審計部，面對龐大的軍民組織，自然顯得無能為力了。

三

從民國審計工作的發展歷程來看，國民政府時期顯然頗為關鍵，其意義在於加強對中央政府內部之控制，以及提升地方政府的財政紀律。有關國府時期審計工作，現存檔案史料不多，審計部本身文件攜來臺灣者甚少，多數於戰亂中散失。本次出版之《抗戰勝利前後國民政府的審計工作》，係 1944 年、1945 年及 1946 年審計工作報告，彙整年度政府歲出歲入及各省收支情況。出版時 1944 年該冊增補許多審計法規，對研究者來說無疑十分便利。

報告書的基本體例分成四大部分，第一部分為國家整體歲出的概覽；第二部分為中央政府歲出統計，又分為普通歲出（即經常門）和建設歲出（即資本門），這兩類又個別以中央部會及省市政府分別敘述，另外還有特別支出的項目；第三部分為「自治財政歲入歲出審計概況」，針對各省縣財政進行抽查，並通報缺失要求改善。第四部分，則針對該年度的調查繪製各種圖表，呈現國家審計的概況。報告最後更附有檢討及建議事項。從這些報告，可以看到國民政府建立財政紀律的努力，

至少到戰時及戰後，仍十分重視審計工作。藉助這套史
料的出版，研究者可以從審計工作的具體情況，了解國
民政府實際執行之成效。如能搭配國史館之《國民政府
檔案》，對國府時期現代國家建構的課題，諒必有更深
刻的研究。

　　但是另一方面來說，使用這些審計報告，還是有諸
多限制。其中最關鍵的問題，是這些審計工作建立在法
幣的基礎上，抗戰末期嚴重的通貨膨脹，使得法幣貶值
之壓力日益升高，直接反應為國家預算編製之困難，
往往上一年編列之預算，實際執行時就需要不斷追加調
整，導致決算時往往是預算編制的數倍以上。由於貨幣
波動過大，事前審計工作難以達度預期目標，而使得這
些報告的數字，不容易反映真實情況。

　　由於中國幅員廣大，各省市受法幣貶值影響不一，
造成沿海或新式交通沿線的縣市財政運作較為順暢，內
陸或山區省縣則面臨經常門與資本門波動過鉅的影響更
大，因此引發利用此一資料的第二個問題，亦即區域落
差的現象嚴重。由於審計報告受限於人力物力，僅能以
省為單位分述，難以針對具體的縣進行審計管理，僅從
各年度報告中呈現的各省情況，也能觀察到同一套貨幣
衡量標準，在不同地方難以換算衡量的問題，使得此一
報告並不容易使用。

　　雖然地方政府差異甚大，使用頗有窒礙，但幸好這
批史料對中央政府的財政運作，提供比較一致的分析基
礎。研究者可以藉由部會財政結構、資本門建設項目等
考察，對此時國家建設及行政體制有更完整的認識。

若仔細分析這些資料，不難發現國民政府經歷八年抗戰後，中央財政惡化極為嚴重，收入仰賴債務，支持又大半投入軍事國防方面，不難想見政府艱難處境。換言之，這批審計報告，不僅只是國家審計工作之概況而已，更是研究者了解抗戰勝利前後政府日常運作的鑰匙，從中能掌握中央與地方財政的宏觀圖景。這對於回應近代史中，廣受各界關心之問題——為何國民政府在贏得抗戰勝利後，卻在短短四年間揮霍了勝利累積的聲望，乃至失去大陸，於 1949 年輾轉來臺？——有更全面的解答。

四

　　海內外中國近現代史研究者，普遍注意到，抗戰期間是中國建立現代國家的關鍵時刻，借助戰時的動員宣傳，使國家意識深入到社會各階層；也通過總動員體制，強化國家對物資的調度與運用。作為現代國家建構的一環，財政紀律無疑也是值得被關注的主題。審計工作史料的出版，除了提供制度史方面對審計法規、中央審計部與地方審計處之權責劃分，以及審計運作的種種細節作為研究基礎外，從其中之數字結構之分析，亦能對國家整體財政有更全面地掌握。因此本套史料問世，有助於研究者思考現代國家體制建立的問題。

　　有關此一討論不僅限於歷史學家之間，事實上政治學、公共行政等社會科學，也將國府經驗視為現代國家治理的案例。特別是 2000 年以來大陸地區國家治理的複雜性，往往使得國府經驗成為學者引以為鑑之參考。

　　既然社會科學界對國府經驗頗有重視，歷史研究者們更不應該自外於這波浪潮，若能藉機拓展歷史研究的現實關懷，或許能提升歷史研究對當代社會的影響力，《抗戰勝利前後國民政府的審計工作》正好扮演這樣的作用，期待能成為跨學科研究者共同重視的史料。

　　另一方面，雖然現代國家建構固然吸引跨領域學者重視，但對社會大眾而言，更引人注目者，是此一建構過程究竟遇到什麼問題，導致大陸淪陷的結果。細讀這批審計報告，依然能發現儘管國民政府加強對地方的控制，但時至 1945 年，仍有許多地方是政府未能有效執行之處。換言之，經歷戰時體制的整頓動員，上層政府與基層社會之間，仍存在許多隔閡，這或許是國共內戰最終局勢逆轉的原因，也是國民政府在從事現代國家建構時難以克服的一大問題。

　　總之，《抗戰勝利前後國民政府的審計工作》儘管受到政府組織、貨幣波動的限制，導致在研究利用上需克服一些障礙，但從宏觀視野來看，其不僅是民國以來藉由審計工作完成現代國家建設的成果展現，也是戰時國民政府落實國家紀律的努力。更重要的是，這些資料提供宏觀的立場，能很快掌握政府財政運作的梗概，作為中國現代史研究的基礎。

編輯凡例

一、本書原件為俗體字、異體字者，改為正體字；無法
　　辨識者，則改以符號□表示。
二、書中排版格式採用橫排，惟原文中提及如左如右等
　　文字皆不予更改。
三、若有未盡之處，敬祈方家指正。

目　錄

緒言

　　按審計法二十八條之規定，審計部應將每會計年度審計之結果編製審計報告書，並得就應行改正之事項，附具意見，呈由監察院呈報國民政府，此項報告書之編製肇始於民國三十年度，截至三十三年度止，共計編報四次，均經先後繕呈察核在案。茲編在事前審計部份，係就卅四年度國庫整個收支及其結束辦法之規定期間，為限事後審計部份，則自卅四年一月至卅五年六月底止，其送審逾期者概不列入，較易整編，至稽察工作之執行期間，與事後審計審核期間，同本年上半年度日寇仍復頑強，豕突狼奔，東南、西南、中原三方面戰事猶在激烈進行中，故逼近戰區各機關及本部多數審計處檔案，多有損失，及至下半年度日寇無條件投降，各機關紛紛復員，以交通工具缺乏，案卷復有散佚。又戰時自治財政之審計列抽查縣財務為各省審計處中心工作，本年度開始以戰事緊張奉令暫行停辦，因交通梗阻，各省審計處奉令較遲，仍有賡續上年度成例抽查數縣者，職是之故，參差不齊，至報告編製體制仍照以前年度辦理，以國家總預算為經，以審計之結果為緯，按照預算科目次第，就事前事後及稽察之結果為擇要敘述，分析歸納頗費周章，其處理情形均屬正常者不贅。附錄統計圖表藉資比較，而以建議改進事項殿其後。本報告書材料之徵集，除於本部各主管部蒐檢外，並抉取各省審計處現存檔案，加以充實，但仍未能盡如理想之周詳，略

陳梗概，敬祈鑒察。

第一章　國家財政歲入審計概況

第一節　總述

　　查卅四年度國家總預算，歲入來源別各項原列預算總數計為二千六百三十八億四千四百一十三萬八千九百元，經分別追加六百六十八億七千零三十二萬六千四百六十三元，追減一百零七億九千四百六十三萬五千八百二十二元，其調整後之預算數總計為三千一百九十九億一千九百八十二萬九千五百四十一元，本部國庫總庫審計辦事處核簽數，總計為一萬二千二百億零零三千二百九十六萬一千八百四十三元，綜計實收數較預算數超收九千零零一億一千三百一十三萬二千三百零二元。

　　歲入事後審計，係收入憑證之審核，依照普通審核程序之規定，對於各機關規費收入，懲罰及賠償收入，財產權利之孳息收入，公有企業收入，稅課收入之一部份，及其他收入等項，根據其主管機關統制紀錄及稅票存根等報表，予以書面審核，其餘稅收，或採就審制，或實地抽查直接徵收，及其主管機關歲入帳目暨派員巡審各公有營業機關之收支，並審定其盈虧為中心工作之一，冀得加強財政監督，藉以防止弊端而裕國帑。除將審核結果在以下各節分述外，統計本年度歲入送審計算數六億二千五百一十三萬二千七百零一元四角四分，

核准數四億零九萬四千零四十六元四角四分，存查數
二億二千五百萬零三萬八千一百五十五元，其餘尚未
清結。

第二節　各項歲入之審計

本年度國家總預算歲入經常、臨時兩門，共列有土地稅等二十二個科目，茲依本部國庫總庫審計辦事處核簽數與各科目預算數，順次比較說明如次：

一、**土地稅**：原預算數為一百八十五億零八百五十萬元，經追加二億五千萬元，合計為一百八十七億五千八百五十萬元，核簽數田賦一十三億四千一百九十四萬零七百六十九元，契稅及地價稅三十六億零四百八十萬零八千零六十二元，合計為四十九億四千六百七十四萬八千八百三十一元。

二、**所得稅**：原預算數為二十二億元，經追加四億元，合計為二十六億元，核簽數為一十六億四千四百一十四萬五千五百三十六元。

三、**非常時期過份利得稅**：原預算數為二十五億元，經追加六億元，合計為三十一億元，核簽數為一十四億九千三百七十五萬一千七百六十七元。

四、**遺產稅**：原預算數為二億元，核簽數為一億二千五百三十五萬二千五百四十九萬元。

五、**營業稅**：原預算數為四十億元，經追加十億元，合計為五十億元，核簽數為八十二億六千三百八十八萬二千六百六十四元，計超收二十二億六千三百八十八萬二千六百六十四元。

六、**印花稅**：原預算數一十三億元，核簽數為五十三億五千零八十九萬一千四百八十八元，計超收四十億零五千零八十九萬一千四百八十八元。

七、關稅：原預算數為六億五千九百九十九萬六千六百元，經追加一十億二千一百五十萬元，合計為一十六億八千一百四十九萬六千六百元，核簽數為二十二億四千三百三十九萬五千二百四十二元計，超收五億六千一百八十九萬八千六百四十二元。

八、礦稅：原預算數為二億零零三十六萬元，經追加三千萬元，合計為二億三千零三十六萬元，核簽數為七億一千七百二十七萬八千九百二十五元，計超收四億八千六百九十一萬八千九百二十五元。

九、貨物稅：原預算數為一百零二億六千一百萬元，經追加七十四億四千九百六十八萬四千四百三十二元，追減一十四億六千八百零三萬元，調整後預算數為一百六十二億四千二百六十五萬四千四百三十二元，核簽數為一百九十三億一千五百八十四萬九千五百二十五元，計超收三十億零七千三百一十九萬五千零九十三元。

十、戰時消費稅：原預算數為二十億元，經追加五億八千零三十萬元，追減一十八億三千三百萬元，調整後預算數為七億四千七百三十萬元，核簽數為五億四千零六十五萬六千五百八十八元。

十一、專賣收入：原預算鹽專賣收入二十二億八千萬元，火柴專賣收入八億元，菸專賣收入五十億元，合計為八十億零八千萬元，經追減七十四億七千六百三十七萬四千八百十九元，調整後預算數為六億零三百六十二萬五千一百八十一元，核簽數鹽專賣收入一百零七億七千一百一十

五萬九千五百四十七元，糖專賣收入六百九十二萬九千四百零九元，菸專賣收入三億八千九百七十三萬二千七百四十一元，火柴專賣收入八千四百一十二萬零零六十四元，合計為一百一十二億五千一百九十四萬一千七百六十一元，共計超收一百零六億四千八百三十一萬六千五百八十元。

十二、**罰款及賠償收入**：原預算數為八千零二十九萬九千三百元，經追加一千二百零五萬九千零五十五元，合計為九千二百三十五萬八千三百五十五元，核簽數為四億三千四百六十三萬二千四百二十九元，計超收三億四千二百二十七萬四千零七十四元。

十三、**規費收入**：原預算數為一十三億七千八百五十六萬六千二百元，經追加四億零零七十三萬一千三百一十五元，追減二百一十一萬三千三百三十六元，調整後預算數為一十七億七千七百一十八萬四千一百七十九元，核簽數為二億七千四百三十四萬九千六百零四元。

十四、**財產孳息收入**：原預算數為一億三千五百一十三萬六千五百元，經追加二千四百九十八萬二千九百一十六元，合計為一億六千零一十一萬九千四百一十六元，核簽數為五億七千零七十二萬七千九百四十九元，計超收四億一千零六十萬零八千五百三十三元。

十五、**公有營業盈餘收入**：原預算數一十一億零二百八十五萬八千二百元，經追加一百五十五億零零八

十五萬三千八百二十六元，追減二萬八千二百六
十七元，調整後預算數為一百六十六億零三百六
十八萬三千七百五十九元，核簽數為七億三千六
百六十五萬三千七百八十三元。

十六、**公有事業收入**：原預算數為四百五十七萬九千七
百元，經追加二千五百四十三萬一千一百零五
元，合計為三千零零一萬零八百零五元，核簽數
一億零三百一十五萬七千三百三十九元，計超收
七千三百一十四萬六千五百三十四元。

十七、**食鹽戰時附稅**：原預算數為三百三十三億一千二
百零六萬二千八百元，核簽數為四百四十六億零
一百零四萬九千二百一十八元，計超收一百一十
二億八千八百九十八萬六千四百一十八元。

十八、**財產售價收入**：原預算數為三百一十萬零二千五
百元，經追加六百八十三萬六千二百三十七元，
合計為九百九十三萬八千七百三十七元，核簽數
為一十六億七千零九十八萬五千三百六十三元，
計超收一十六億六千一百零四萬六千六百二十
六元。

十九、**捐獻及贈與收入**：原預算數為四百零四億元，經
追加一億三千一百五十六萬一千八百二十五元，
合計為四百零五億三千一百五十六萬一千八百二
十五元，核簽數為八十億零五千八百二十五萬零
四百八十三元。

二十、**租借物資及黃金售價收入**：原預算數為六百億
元，核簽數為二百六十四億一千九百四十六萬

二千五百四十二元。

二十一、債款收入： 原預算數為七百七十四億九千七百四十五萬二千八百元，核簽數可分內債、外債及銀行借墊款三項，計列內債六百一十二億二千一百三十八萬七千七百九十三元，外債二十三億三千六百五十三萬八千九百八十五元，銀行借墊款一萬零零零八億零八百九十七萬八千五百二十一元，合計為一萬零六百四十三億六千六百九十萬零五千二百九十九元，計超收九千八百六十八億六千九百四十五萬二千四百九十九元，超收原因當係國家歲出浩繁，收入不敷支應，隨時向代庫銀行透支或挪借之款。

二十二、其他收入： 原預算數為二千零二十二萬四千三百元，經追加一億零二百八十八萬一千七百六十四元，追減一千五百零八萬九千四百元，調整後預算數為一億零八百零一萬六千六百六十四元，核簽數為五千八百三十八萬四千一百四十三元。

以上係按本年度國家總預算原列科目說明其梗概，此外，尚有總預算科目未列而經追加者，計有鹽稅及收回資本兩項收入，鹽稅追加預算數為三百九十三億一千零五十二萬八千二百一十九元，核簽數為二十五億三千零四十四萬一千四百零二元，收回資本收入追加預算數為二千二百九十七萬五千七百六十九元，核簽數為三千一百零五萬九千二百八十五元，計超收八百零八萬

三千五百一十六元。

　　又預算未列而國庫已實收者，尚有收回各年度歲出款，核簽數為二十五億二千四百九十三萬二千一百九十三元，以前年度歲入款核簽數為一十七億六千九百二十四萬七千六百二十二元，上年度結存轉入款核簽數為九十九億三千二百萬元，暫收款核簽數為四千七百二十三萬零六百一十六元，信託管理收入核簽數為九百五十三萬五千零零九元，未售債券本息核簽數為六萬零三百三十四元，鄉鎮造產基金收入核簽數為二千三百五十四元，合併敘明。

　　關於本年度歲入經常門之事後審計，除大部份由駐庫人員依照歲入預算項目分別審核外，其餘部份仍採駐審、巡審、抽審等方式，以監督主辦機關而補送審之所不足，惟本年度東南、西南及中原三方面，各省審計處俱因抗戰達到最高潮之影響，或則未能照原定計劃完成工作進度，或則迭遭兵亂損失，各項案卷致各處施政情形亦未由查報，茲僅能就具報到部者析為五項簡述於後：

　　（一）**關於田賦收入之審核：**田賦收入向由各省審計處派員駐審各該省田賦管理處，審核其歲入並抽查各縣田賦管理處之歲入，先後發現浙江省永嘉縣田賦糧食管理處列報實物類收支各款，除經管積穀積金積存二百八十六萬四千八百二十八斗於法不合外，並出售積穀差額二千九百六十石，價款延未解庫，樂清縣田賦糧食管理處，計有擅自移墊徵存積穀一千二百一十四萬四千五百八十四石，核與規定不符，及截留賦款四百一十

四萬六千六百零八元，迄未納庫等情事，均經分函浙江省田賦糧食管理處及各該機關速即歸墊及納庫，並切實執行其他糾正事項。貴州省田賦糧食管理處之收支經核，內有糧食款項領延不報情事。廣西省田賦糧食管理處暨福建省林森縣田賦糧食管理處，核其收支各款大致尚無不合。甘肅省臨洮縣田賦糧食管理處收入部份，內有公款存入該縣銀行利息三千三百九十三元八角八分，移作何用原因不明，經予查詢，至關徵課類帳簿尚付缺如，亦已函知從速設置，並補行登記；張掖縣田賦糧食管理處歲入各帳表尚無不合，惟現金收付帳簿尚欠完備，並經填發審核通知，建議省田賦糧食管理處對於各縣會計制度及帳冊等，應予統籌規定以便管理查核。此外尚抽查陝西田賦糧食管理處收支帳冊及款項收支，殊多非法，惟以帳簿零亂憑證不齊，紀錄不全及交代未清等事項，無法查核，經函知糧食部令飭整理交案清結後再行澈查。

（二）**關於稅課收入之審核**：稅課收入除由本部暨各省審計處就各該主管稅務機關，分別執行駐審工作外，並派員分赴各徵收機關為實地之抽查，本年度抽查結果，在貨物稅方面發現川康區貨物稅局樂山分局歲入部份，除三十四年三月以後已奉令全由庫代收稅款外，其在本年四月以前多屬自行收納，截至五月份止延未解庫數共四百六十一萬四千五百四十八元四角三分，其中以犍為辦公處欠解二百零五萬八千四百七十一元零九分為最鉅，該分局會計制度及機構均欠完備，且未實地稽核，實有怠忽查徵並挪用稅款之情事，經將該項結果分

別函知其主管機關及該機關迅予處分或糾正。成都貨
物稅分局新津辦公處本年度關於稅款，均係自收，計
四百五十二萬四千三百四十四元一角，且多未依法按旬
繳庫，截至七月份止共截留應納庫款五萬一千九百五十
元，內經挪墊四萬八千元，迄未歸墊，均經分別通知查
照辦理。廣西省稅務管理局賀縣貨物稅分局，經查其財
務收支大致尚屬相符。邕寧貨物稅分局查有挪移稅款充
作經費情事，於法不合，已經通知糾正並迅予繳庫。福
州貨物稅分局其歲入事務之處理大致尚無不合。貴陽貨
物稅局貴定分局財務收支除未臻完善之點，業已通知改
進外，其餘大致相符。皖南稅務管理局休寧稅務分局坐
支稅款，經催告歸墊及繳庫。至直接稅方面，計有鄂豫
區直接稅六安分局會計組織，不合規定，已通知糾正。
湖北稅務管理局各徵收局均逾期編送會計報告，除遲延
其機關統制紀錄外，並核其數字亦不準確，經函知改善
以重計政。川康區稅務管理局郫縣直接稅分局實有截留
稅款延不繳庫情事，核與公庫法之規定不符，又帳簿設
置亦欠完備，均函知嚴加糾正或改善。新津直接稅分局
自收稅款計二百九十一萬一千二百一十八元一角一分，
納庫金額僅五百三十五萬五百八十七元一角二分，累計
截留金額六百三十七萬八百七十三元七角四分。樂山直
接稅分局自收稅款四百四十三萬六千六百二十四元二角
四分，納庫金額為八百二十八萬五千九百三十八元三角
一分，累計截留金額為四千四百三十七萬四千六百五十
五元六角一分，除挪用各項費用外，餘為延未繳庫及迄
未歸墊者，核與公庫法及國庫統一處理，各省收支暫行

辦法之規定既有未合，而於會計方面又怠忽記帳，已函知財政部及新、樂兩分局迅予究辦及改進。廣西稅務管理局所屬賀縣、桂林、靖西、平樂四直接稅分局，除靖西分局，內有挪用稅款核與規定不符，已函知糾正並迅予繳庫外，其賀縣、桂林、平樂三分局財務收支大致尚屬相符，貴陽直接稅分局暨惠水查徵所財務收支手續間有未臻完善。陝晉稅務管理局及陝西省直接稅局寶雞分局、福州直接稅分局，核其歲入情形，均無不合。江西省稅務管理局所屬各徵收局，其收入款項多未依法繳庫，且有挪移情事，經予分別通知糾正。此外尚有皖北鹽務管理局立煌支局徵收鹽稅，未依法繳庫，核收計撥款墊別項支出暨徵存未解庫金額約一千一百八十九萬二千九百零五元，核與公庫法及專賣機關收支處理之規定不符，均經分別函知迅行歸墊暨繳庫並促其改進。

（三）**關於專賣收入之審核**：截至本年一月止，糖類、菸類、火柴三種專賣已先後停辦，改徵貨物統稅，所餘食鹽專賣亦於三十五年一月恢復徵稅，據鹽務總局審計辦事處審核食鹽專賣收入，其已清案之計算數與核准數各為八億四千六百三十五萬二千零七元五角二分，此外並派員分赴各鹽局實地查核，其冊籍憑證以資加強鹽務監督。

（四）**關於懲罰及賠償收入暨規費收入等之審核**：上列收入審核結果，以司法行政部收入為數最鉅，各地法院除湖北高等法院第三分院大致尚無不合外，關於建始地方法院、恩施地方法院等均經各項司法收入，均有延未解庫，挪用為經費支出情事，至經臨各費會計報

告，既未依限送審，而財產方面之會計紀錄亦尚未設置財產帳以資統制，又行政、教育、衛生等機關歲入類雖亦已送審，然究不如歲出類之齊整，審核結果以社會部遵義社會服務處、國立湖北師範學院、國立浙江大學、貴陽醫學院等內有剔除改進更正及建議等事項，均已分別函知各機關查照辦理。甘肅、四川兩衛生材料廠尚無核定之事業計劃暨怠忽記帳情事，亦已分別通知改進或糾正。四川省電話管理局除出納員隱匿現金、私自挪用外，對於庫存材料未予記帳，及墊款多未沖轉，已函四川省政府嚴予懲處，並通知改進。

（五）**關於公有營業盈餘收入及公有事業收入之審核**：上項收入除就送審報表依法審核外，凡決算報告已經送審者，均經派員實施巡迴審計，其延未送達者，亦經催告所有巡審，上列機關支出情形已於事業歲出各節分別說明，茲先就收入情形分述於後：

財政部主管之公有營業機關，除貿易委員會及其附屬機構，如中國茶葉公司、花紗布管制局及復興商業公司等營業機關，業經設置駐審室，但於本年度已合併停辦未予巡審外，尚有四聯總處暨其附屬四行兩局並中央印製廠等營業機關，亦經派員執行巡迴審計工作，中央印製廠本年度會計報表已全部送審，其營業收支決算數之收入部份，為二十億零九千九百八十一萬八千三百一十一元四角三分，比較支出盈餘十六億零五百七十五萬七千八百六十三元九角七分，至其他財務之處理大致尚無不合。中央、中國、交通、農民四行暨中央信託、郵政儲金兩局，雖已於各該行設置駐審室，然僅將總務費

中之十五子目支出帳單送審，其餘最重要部份之營業收支，屢經交涉送審，迄未依法辦理，嗣經迭次派員實施巡迴審計，均被以未奉四行總處通知為詞，互相推諉，拒絕送核，業經呈報並分別函詢查究在案。

　　經濟部主管之公營事業機關為數甚多，然就送審及經本部派員巡迴審計者，計有二十一個單位，茲依各單位收入類別予以扼要之說明。

　　（一）鋼鐵工業收入共有八個主管單位，鋼鐵廠遷建委員會三十四年度營業盈餘一十七億二千八百五十七萬八千一百六十二元九角八分，雲南鋼鐵廠三十四年度營業虧損共二千九百三十四萬六千二百六十二元八角六分，但其營業支出除列報生鐵盤盈一千零四十五萬九千八百七十一元五角三分，貸差一萬零五百八十元及動用法定公債金一百零一萬七千四百零二元一角七分，均未依其規定辦理，又超出預算支出一億六千一百七十二萬二千六百八十元零六角八分，資產折舊與原料昇價調整暨售炭虧損三項，共二千五百五十五萬三千元，及銀行透支利息一千六百八十萬二千一百一十三元二角一分，職員戰時生活貸金、職員子女教育貸金、職員年獎金、眷屬津貼、員工親屬米金、旅費津貼、聚餐費、參觀券、夜班酒席費、私人借支、私人費用、調差旅費、零碎押金、私人損失、多報旅費、合作社虧欠及超支等項不合規定者，計六千二百六十六萬三千零一十三元三角二分，均經分別查詢糾正剔除。鋼鐵廠遷建委員會綦江鐵礦三十四年度營業盈餘六百八十六萬四千三百四十二元一角，鋼鐵廠遷建委員會綦江水道運輸管理處三十四

年度營業虧損二千六百九十六萬一千七百七十四元二角
九分，支出方面經查與規定不符，應予剔除者，則有購
西餐刀叉費三萬一千九百二十元。電化冶煉廠三十四年
度營業盈餘八千二百九十二萬八千四百九十二元八角二
分，支出方面列報不符規定者，計有西點暨禮品款、
招待費、職員戰時貸金延期歸還、損失不照中央規定
價額、多發每月份米貸金、運煤短六噸、技工在渝處
借支旅費與押金暨溢支薪金及伙食費等項，已予通知
剔除。滇北礦務局三十四年度虧損三千四百八十六萬
二千一百四十六元二角三分，支出方面尚有在費用項下
攤銷，職員戰時生活貸金、職員離職多發薪金、職員
到職及調任人員眷屬膳宿雜費、職員出差旅費之臨時
房金、照片費、辦公伕馬費等項不當支出，均經予以
剔除。資蜀鋼鐵廠三十四年度營業支出，有米代金、
菜貼膳宿補助費、固定車費、伙食費、交通費超支出
差旅費、解雇小工回籍旅費、服務員伙食津貼及支出
證明單不合規定等項，均已分別通知剔除或查詢。資
渝鋼鐵廠三十四年度營業盈餘二億六千一百七十萬零
一千九百一十五元五角，其餘收支事項尚符。

　　（二）煤礦工業收入計有兩個主管單位，鋼鐵廠遷
建委員會南桐煤礦三十四年度營業盈餘七千五百八十三
萬六千九百六十八元二角九分，支出方面列有衣箱借款
及不合規定開支共八千八百四十七元，經核與業務無
關，業予如數剔除。明良煤礦公司三十四年度營業盈餘
四百九十二萬八千七百九十三元九角七分，支出方面不
合規定，予以剔除者計有職員戰時生活貸金暨子女教育

貸金等，共二千七百七十萬零五千三百零一元七角七分，此外尚有收益決算超過甚鉅及特別公積金五十九萬三千八百六十元五角六分，轉入改良暨擴充資產準備，是否均經呈准有案，業已分別查詢。

（三）電氣工業收入總計六個主管單位，昆明電廠三十四年度營業盈餘一千零四十五萬八千九百八十四元三角二分，支出方面有各項成本調整數列作資本公積收入，累計利益究依何種原則辦理，決算數超出預算數及管理費用亦有超支，曾否分別呈准有案，及年終休假獎金等，均經分別查詢或予以剔除。天源電化廠三十四年度營業盈餘一千五百五十二萬九千零一十三元一角二分。萬縣電廠三十四年度營業虧損二千三百零九萬八千二百六十八元一角八分，支出方面核有職員戰時生活貸金、職員膳宿補助費等項，不合規定者經已如數剔除。昆明電冶廠三十四年度營業盈餘四千六百九十五萬三千五百一十二元七角六分，支出方面計有職員出差旅費列報津貼、廠長私人費用酬應餽贈、職員戰時生活貸金、職員子女教育貸金等，及營業支出超支二千九百一十九萬零九百四十七元一角，購置卡車、印刷機價款六百五十九萬八千元，曾否呈准等事項，均經分別予以剔除查詢。中央電工器材廠昆明第四廠三十四年度營業虧損二千六百四十五萬五千七百四十六元九角八分，支出方面經核計有私人餽贈費用無單據支出、到差伙食津貼、職員戰時生活貸金、子女教育貸金等均係不合規定，經予剔除。中央電工器材廠昆明第一廠三十四年度營業盈餘二千五百八十四萬七千零八十元一角九分，支

出方面計有私人費用浮報款項、職員戰時生活貸金及
職員子女教育貸金等，均與規定不符，經分別予以剔除
糾正。

　　（四）其他工業收入計有五個主管單位，上海敵產
造紙廠營業共盈餘二十萬萬零五百六十一萬八千七百零
五元六角七分，支出方面核有膳食津貼、薪津溢支、米
貼、職員實物津貼墊付款膳費、車資津貼、交際費、西
瓜費、節費及筵席衣食津貼等不合規定已予剔除。中央
工業試驗所油脂實驗工廠營業虧損九萬五千二百七十八
元四角九分，支出方面經查不符規定者，計有工友聚餐
費一萬一千二百三十二元經予剔除。耐火材料廠營業虧
損共二千二百零八萬五千二百三十三元零一分，支出方
面列支戰時生活貸金一百萬零一千零四十六元九角四
分，於勝利以後，即將戰時生活貸金改為膳宿補助費共
一百二十六萬九千四百零一元三角二分，實屬變相津
貼，殊有未合均予剔除。中央工業實驗所純粹化學藥品
製造工廠盈餘一百九十九萬三千六百九十六元三角八
分，中央機器廠營業虧損八百八十萬零四百六十六元八
角八分，支出方面計有私人開支烟酒費、津貼出納收款
短少數兼支車馬費、購置憑證不合規定、旅費津貼職員
貸金延期歸還、損失跨越年度及超支員工獎勵金等款不
合規定，均經予以剔除。以上各廠礦除依照資源委員會
盈餘統籌撥補辦法，以提撥特別公積及各項獎金福利金
外，關於員工待遇均未依照公務員待遇改善辦法，雖經
本部通知剔除或糾正，迄未照辦，本年度各該廠列報職
員戰時貸金米貼及各種津貼等，經核內有不經濟、不當

或不法支出及盈虧撥補等情事，均經依法分別予以剔除或查詢。交通部主管之公有營業機關，亦經本部派員分別實施巡迴審計者，計有公路總局滇緬公路工務局養路收支虧損八千四百三十六萬三千三百二十三元二角五分，其中經查不合規定者，計有特支費局長翻印照片款、公館自來水費、局長木炭津貼借與西南公路局等十個機關材料款、離職人員溢支職務津貼等款已予剔除。滇越鐵路滇段管理處營業盈餘五億七千九百一十萬零八千四百二十八元六角，支出方面列報員工獎勵金及職務津貼等不當支出，共計剔除九億四千七百八十五萬六千零五十元八角六分，又總務及事務費超支十億零七千一百零一萬三千二百六十四元九角八分，已否呈准有案，攤發戰區司令部年終獎金之緣由及購鉛線等款，轉帳兩次之原因均經分別查詢。川滇鐵路公司營業盈餘三億一千六百一十七萬四千一百九十六元，支出方面經查不符規定而應予剔除者，計有兼職人員津貼私人用具、預報租金、私人酬應及虛報獎金、伕馬費、私人行李運費、公司總經理額外津貼、公司職員職務津貼、總務費超支、員工生活救濟等費，此外尚列報滇越鐵路修車公款、潘次長出殯招待費、超支總務費、營業預算虧損、撥交通部員工年終獎金及員工代步費等項原因不明，經予查詢。重慶電信局營業收支盈餘九千五百七十八萬一千四百八十一元八角九分，支出方面員工待遇除按中央規定分別發給米代金外，另於特種支出內列報青年米代金，計二千三百二十萬零九千四百五十一元七角九分，及員工端午節獎金二百零六萬九千

元等項支出，於法無據予以剔除。

　　至歲入特殊門，事後審計因三十四年度歲入總預算
既將特殊門改為臨時門，而歲入臨時門之科目亦比上年
度增加，但各機關仍多未曾分別經臨兩門送審，故關於
臨時門歲入能另立科目送審者為額甚少，共計僅核准
行政院主管暨衛生署主管等，規費收入一百一十九萬
二千二百二十四元，其餘各科目殆皆直接由國庫收納，
不另編會計報表送審，故其核結之數字迄難詳盡列舉。

第二章　國家財政歲出之審計概況

第一節　總述

　　查三十四年度國家總預算歲出，分為普通歲出及事業歲出兩大類，原列預算總計為二千六百三十八億四千四百一十三萬八千九百元，經撥入三百萬元，撥出九十六億二千一百零五萬六千八百一十三元一角二分，動支第二預備金一百一十三億八千八百六十萬零六千八百一十六元一角二分，追加七千零二十一億零六百一十七萬六千三百四十三元零五分，追減二億四千三百八十九萬六千八百元，及以前年度預算轉入數二十六億一千七百二十二萬七千八百元零零一角七分，其調整後預算數綜計為九千七百億零零九千四百一十九萬六千二百四十六元二角二分，本部核簽支付書總數綜計為九千五百七十六億六千三百二十萬零九千一百一十元零五角七分，除轉入下年度預算數一十八億六千零七十八萬六千八百五十六元二角二分外，尚有預算餘額一百零五億七千零二十萬零零二百七十九元四角三分。

　　關於國家歲出審計之事後部份，比照歲出預算之分類，亦分別為普通歲出與事業歲出兩種事業歲出，另於第三節敘述，茲就普通歲出言之，除各級黨務費不屬本部審核範圍，債務支出及補助支出兩項，迄未

經主管機關送審，動態報告以及未設審計處各省市支
出，亦多未能依照本部與行政院商定辦法編送報表外，
其餘各機關大多數均已依照規定送審查，三十四年度
本部除審核重慶、南京兩市、各中央機關歲出會計報
告外，並兼辦該兩市市政府各單位計算決算之審核事
業，至散在各省市之各中央機關例歸各該省市審計處兼
辦，按時報部查核，惟各機關經費類會計報告，仍多
未能依照法定期限送審，已於該年三月清查，其有未
編送者均經依法開列清單，分別通知各主管機關予以
處分，並函請主計處轉飭依法辦理，結果除少數單位
猶未送審外，餘多陸續補送審核至由各省審計處辦理
者，因當時中原、東南及西南各省戰局極形緊張，不
無遲延，截止三十五年度六月底止，總計送審計算數
為六百七十一億一千二百六十三萬零四百七十六元八
角九分，內計核准數三百五十四億一千八百八十九萬
二千二百九十六元六角三分，剔除數十億八千四百七十
六萬三千六百二十元八角七分，及審核數二百零六億八
百九十七萬四千五百五十九元三角九分，至於戰時特別
補助費計算數與存查數，內計生活補助費各為四十三億
五千一百八十八萬二千九百零三元五角六分，米代金各
為十一億五千三百六十三萬九千七百一十三元四角八
分，食米各為五十八萬七千一百九十七石四斗三升，茲
將審核各費依照預算科目彙編整理列表於後。

審計部審核三十四年度國家財政歲出統計總表

編註：科目欄除食米單位為石，其餘皆為元。

中央歲出

科目	計算數	剔除數	核准或存查數	審核數
國民政府主管				
經臨費	261,442,478.32		71,701,018.06	189,741,460.26
生活補助費	79,941,071.84		79,941,071.84	
米代金	2,196,590.00		11,196,590.00	
食米（石）	397.23		397.23	
行政院主管行政院直轄主管				
經臨費	178,803,283.71	50,680.00	95,490,869.93	83,261,734.32
生活補助費	108,219,466.96		108,219,466.96	
米代金	17,710,398.00		17,710,398.00	
食米	39,135.00		39,135.00	
內政部主管				
經臨費	77,368,956.58		54,987,122.90	22,381,833.68
生活補助費	75,621,490.87		75,621,490.87	
米代金	16,046,960.00		16,046,960.00	
食米	3,236.70		3,236.70	
外交部主管				
經臨費	29,257,681.23		17,090,338.11	12,167,343.12
生活補助費				
米代金				
食米				
軍政部主管				
經臨費	52,399,231,221.36	1,052,150,844.85	37,114,901,663.51	14,232,168,713.00
財政部主管				
經臨費	1,784,155,451.29	683,172.00	750,970,949.53	1,032,501,329.76
生活補助費	1,498,481,485.98		1,498,481,485.98	
米代金	207,546,718.00		207,546,718.00	
食米	16,635.08		16,635.08	

科目	計算數	剔除數	核准或存查數	審核數
經濟部主管				
經臨費	182,003,170.92	13,309.00	9,276,093.01	172,713,768.91
生活補助費	78,348,609.05		78,348,609.05	
米代金	34,036,434.00		34,036,434.00	
食米	5,765.90		5,765.90	
交通部主管				
經臨費	364,344,056.57	500,309.50	9,857,312.79	353,986,434.28
生活補助費	140,556,018.96		140,556,018.96	
米代金	37,146,625.00		37,146,625.00	
食米	10,990.20		10,990.20	
教育部主管				
經臨費	1,332,609,115.13	883,699.00	442,435,340.82	889,290,075.31
生活補助費	1,421,402,823.74		1,421,402,823.74	
米代金	441,376,226.02		441,376,226.02	
食米	330,695.15		330,695.15	
農林部主管				
經臨費	31,438,805.22	2,850.00	18,258,467.63	13,177,487.59
生活補助費	43,734,396.43		43,734,396.43	
米代金	1,143,350.00		1,143,350.00	
食米	5,569.00		5,569.00	
社會部主管				
經臨費	427,226,689.55	340,740.00	279,646,539.06	147,839,410.49
生活補助費	59,621,598.96		59,621,598.96	
米代金	8,327,150.00		8,327,150.00	
食米	26,414.44		26,414.44	
糧食部主管				
經臨費	7,840,413.56	1,235.00	62,331,217.75	16,507,960.81
生活補助費	87,073,823.22		87,073,823.22	
米代金	16,944,479.54		16,944,479.54	
食米	2,870.20		2,870.20	
司法行政部主管				
經臨費	41,675,171.61		20,455,440.67	21,219,730.94
生活補助費	84,192,935.01		84,192,935.01	
米代金	14,402,830.00		14,402,830.00	
食米				

科目	計算數	剔除數	核准或存查數	審核數
蒙藏委員會主管				
經臨費	20,068,344.06		12,295,181.07	7,773,162.99
生活補助費	15,860,169.25		15,860,169.25	
米代金	10,551,468.00		10,551,468.00	
食米	791.90		791.90	
僑務委員會主管				
經臨費	3,626,981.75		375,083.45	3,351,898.30
生活補助費	10,630,367.05		10,630,367.05	
米代金	398,600.00		398,600.00	
食米	43.70		43.70	
振濟委員會主管				
經臨費	93,678,622.03		52,974,264.17	40,704,357.86
生活補助費	51,313,496.35		51,313,496.35	
米代金	12,488,660.00		12,488,660.00	
食米	918.30		918.30	
水利委員會主管				
經臨費	84,179,275.17	67,750.00	23,499,563.46	60,611,961.71
生活補助費	39,052,259.26		39,052,259.26	
米代金	13,598,440.00		13,598,440.00	
食米	4,157.75		4,157.75	
衛生署主管				
經臨費	274,488,176.46	857,040.00	221,308,742.71	52,322,393.75
生活補助費	102,404,026.28		102,404,026.28	
米代金	41,737,090.00		41,737,090.00	
食米	2,146.18		2,146.18	
地政署主管				
經臨費	11,319,112.26		11,319,112.26	
生活補助費	35,441,957.29		35,441,957.29	
米代金	5,073,140.00		5,073,140.00	
食米	825.70		825.70	
立法院主管				
經臨費	67,256,288.57	110,452.00	21,570,094.57	45,575,742.00
生活補助費				
米代金				
食米				

科目	計算數	剔除數	核准或存查數	審核數
司法院主管				
經臨費	55,219,898.12	220,140.00	20,635,248.14	34,364,509.98
生活補助費	514,553.78		514,553.78	
米代金	8,821,850.00		8,821,850.00	
食米	1,942.90		1,942.90	
考試院主管				
經臨費	160,390,881.54	860,000.00	97,152,674.31	62,378,207.23
生活補助費	39,121,589.75		39,121,589.75	
米代金	11,063,440.00		11,063,440.00	
食米	1,110.30		1,110.30	
監察院主管				
經臨費	210,213,065.17	41,400		126,242,253.48
生活補助費	23,073,187.70		23,073,187.70	
米代金	29,359,031.00		29,359,031.00	
食米	78,099.80		78,099.80	
債務支出				
公務員退休及撫卹支出				
補助支出				
中央歲出經臨費合計	58,169,427,140.18	1,056,783,621.35	39,534,674,590.85	17,577,968,927.98
生活補助費合計	3,994,605,327.27		3,994,605,327.27	
米代金合計	938,969,479.56		938,969,479.56	
食米合計	531,745.43		531,745.43	

省市歲出

科目	計算數	剔除數	核准或存查數	審核數
江蘇省	64,319,087.00	4,244,129.00	49,947,152.00	10,127,806.00
浙江省	522,454,272.00	3,891,073.00	518,563,199.00	
安徽省	481,835,358.00	62,927.00	458,788,146.00	22,984,285.00
江西省	492,045,023.00	10,523,284.00	481,521,739.00	
湖北省	558,055,787.00	4,104,857.00	553,753,795.00	197,135.00
湖南省	728,969,667.00	993,968.00	521,759,814.00	206,215,885.00
河南省	631,539,094.00	1,435,484.00	629,002,048.00	1,101,526.00
陝西省	271,209,678.00	140.00	271,209,538.00	
甘肅省	702,830,675.00	623,291.00	702,207,384.00	
福建省	188,746,117.00	172,074.00	360,024,086.00	152,549,957.00
廣西省	24,563,997.00		24,563,997.00	
雲南省	331,726,543.00	107,960.00	324,556,371.00	7,066,212.00
貴州省	842,693,761.00	434,516.00	765,379,552.00	76,879,693.00
四川省	69,584,863.00		69,584,863.00	
重慶市	150,392,043.00		47,579,317.00	102,812,726.00
南京市	1,519,062.00		719,591.00	799,471.00
省市歲出經臨費合計	6,062,485,028.00	26,589,703.00	5,455,160,594.00	580,734,731.00
普通歲出合計	64,231,912,168.17	1,083,373,324.35	44,989,835,184.85	18,158,703,658.98
生活補助費合計	3,994,605,327.27		3,994,605,327.27	
米代金合計	938,969,479.56		938,969,479.56	
食米合計	531,745.43		531,745.43	

建設基金歲出

科目	計算數	剔除數	核准或存查數	審核數
經濟部主管				
經臨費	263,707,034.28	492,009.00	95,740,463.14	167,474,562.14
生活補助費	46,261,659.48		46,261,659.48	
米代金	18,563,370.00		18,563,370.00	
食米	5,910.00		5,910.00	
交通部主管				
經臨費	1,041,587,762.76	112,846.50	46,498,639.47	994,976,276.79
生活補助費	40,324,125.00		40,324,125.00	
米代金	21,964,340.10		21,964,340.10	
食米	15,001.00		15,001.00	
農林部主管				
經臨費	319,095,175.55	182,930.00	175,766,010.79	143,146,234.76
生活補助費	150,172,041.15		150,172,041.15	
米代金	91,935,513.50		91,935,513.50	
食米	2,396.00		2,396.00	
水利委員會主管				
經臨費	319,596,284.94	602,511.02	111,051,998.00	207,941,775.00
生活補助費	120,519,750.66		120,519,750.66	
米代金	84,189,010.32		84,189,010.32	
食米	32,145.00		32,145.00	
建設基金歲出合計	1,943,986,257.53	1,390,290.52	429,057,111.40	1,513,538,849.61
生活補助費合計	357,277,576.29		357,277,576.29	
米代金合計	216,670,233.92		216,670,233.92	
食米合計	55,452.00		55,452.00	

事業歲出

科目	計算數	剔除數	核准或存查數	審核數
經濟部主管	37,604,126.70			37,604,126.70
交通部主管	879,881,367.23			879,881,367.23
農林部主管	19,246,556.56			19,246,556.56
營業基金支支合計	936,732,050.49			936,732,050.49
事業歲出合計	2,880,718,308.02	1,390,290.52		2,450,270,990.10
生活補助費合計	357,277,576.29		357,277,576.29	
米代金合計	216,670,233.92		216,670,233.92	
食米合計	55,452.00		55,452.00	

總計

科目	計算數	剔除數	核准或存查數	審核數
總計	67,112,630,476.89	1,084,736,620.87	35,418,892,296.63	20,608,974,559.39
生活補助費	4,351,882,903.56		4,351,882,903.56	
米代金	1,155,639,713.48		1,155,639,713.48	
食米	587,197.43		587,197.43	

備註：核准數欄內列生活補助費、米代金及食米均係存查數，特此註明。

第二節　普通歲出之審計

　　三十四年度國家總預算普通歲出，經常、臨時兩門預算數合計為二千四百二十億零八千二百三十二萬六千三百元，經追加、追減及動支第二預備金等項調整後，預算總數為九千二百五十億零六千五百四十三萬二千零四十八元零九分內，中央歲出為八千七百六十七億七千零四十一萬二千三百七十五元二角六分，本部核簽支付書總數為八千七百二十一億零五百八十六萬九千四百二十九元六角八分，除轉入下年度預算數一十三億四千零六十四萬二千八百六十九元二角二分外，尚有預算餘額三十三億二千三百九十萬零零七十六元三角六分，省市支出為四百八十二億九千五百零一萬九千六百七十二元八角三分，本部核簽支付書總數為四百四十八億一千一百三十萬零六千零七十七元零六分，除轉入下年度預算數五億二千零一十四萬三千九百八十七元外，尚有預算餘額二十九億六千三百五十六萬九千六百零八元七角七分。

　　三十四年度以緊急命令撥付款經本部核簽者，總數為八千九百零八億三千二百八十二萬九千七百六十一元七角三分，其不合限制辦法而經本部拒簽者計有稅務署暨衛生署所屬機關經常費等十二案，總數為九千三百四十五萬五千零二十五元，核簽數除已成立法案沖轉八千八百三十九億一千零七十七萬零九百一十七元三角三分外，尚有未沖轉餘額六十九億二千二百零五萬八千八百四十四元四角正。

關於普通歲出，各主管機關經費類除公務員退休及撫卹支出迄未編送報表外，多已依照規定送審查，本年度審核結果，由於戰事極度緊張之影響，各省市審計處報部之數字尚欠齊全，茲就各省市審計處具報部份暨本部經辦部份彙計計算數，共六百四十二億三千一百九十一萬二千一百六十八元八角七分，剔除數計十億八千三百三十七萬三千三百二十四元三角五分，核准數為四百四十九億八千九百八十三萬五千一百八十五元二角三分，審核數為一百八十一億五千八百七十萬三千六百五十九元二角九分，至於戰時特別補助費計算數與存查數內，計生活補助費各為三十九億九千四百六十萬五千三百二十七元二角七分，米代金各為九億三千八百九十六萬九千四百七十九元五角六分，食米各為五十三萬一千七百四十五石四斗三升。

第一目　中央歲出

三十四年度國家歲出總預算，普通歲出之中央歲出原預算數為二千二百四十億零一千八百七十五萬六千六百元，經撥入三百萬元，撥出九十六億一千七百一十八萬二千三百九十元一角二分，動支第二預備金六十億零九千零一十九萬九千三百四十五元一角二分，追加六千五百四十一億八千八百二十九萬四千三百一十七元二角，追減四十六萬六千八百元，及以前年度預算轉入二十億零八千七百八十一萬一千三百零六元零六分，其調整後預算數共為八千七百六十七億七千零四十一萬二千三百七十五元二角六分，本部核簽數總計為八千七

百二十一億零五百八十六萬九千四百二十九元六角八分。

　　在京中央機關之事後審計，除就事業稅收支繁重機關設置駐審室，復由部派員實施巡審外，其餘普通公務機關每年仍定期派員為實地之抽查，藉明實際，至分佈各省者，以財務、軍事、司法、教育、振濟等機關為最多例，由各省市審計處兼辦所有審核，結果分課以下各款，至支出有無浪費或不經濟情事，以及是否能與業務配合，根據審核月報僅能就特殊顯著事項加以糾正，關於整個支出情形之比析，自須俟全年送審齊全，始克比較探討。

　　又本年度各機關以戰時物價與時飛漲，迭行追加預算，致實支數與原預算數每相懸殊，而各臨時費名目亦極繁多，此外或由事業歲出列支經常費者，或由其附屬機關解繳經費暨提撥盈餘者，或有在經管之統籌支配款項下開支業務費者，如此混合支出，審核殊難明確，總計送審計算數為五八、一六九、四二七、一四〇‧一八元，核准數三九、五三四、六七四、五九〇‧八五元，剔除數一、〇五六、七八三、六二一‧三五元，審核數一七、五七七、九六八、九二七‧九八元，至關戰時特別補助費計算數與存查數內，計生活補助費各為三十九億九千四百六十萬五千三百二十七元二角七分，米代金各為九億三千八百九十六萬九千四百七十九元三角六分，食米各為五十三萬一千七百四十五石四斗三升。

第一款　中央黨部主管

中央黨部主管經臨各費，本年度歲出預算數原列三十二億七千八百六十八萬零五百元，動支第二預備金七千四百九十八萬六千五百九十二元，追加數一百一十億零二千四百萬零零五千七百二十七元，以前年度預算轉入數二十一萬二千五百三十三元，計調整後預算數共為一百四十三億七千七百八十八萬五千三百五十二元，本部核簽支付書數為一百三十三億二千二百七十一萬一千四百六十元，除轉入下年度預算數二百三十四萬七千一百元外，尚有預算餘額一十億零五千二百八十二萬六千七百九十二元。

至中央黨部主管之各級黨務機關支出，其事後會計報告之審核向由中央監察委員會稽核處掌理，不屬本部職權之範圍，故其審核結果從略。

第二款　國防最高委員會主管

國防最高委員會主管經臨各費，本年度歲出預算數原列一億八千九百一十五萬六千元，動支第二預備金六百四十七萬四千七百元，追加數四億一千三百二十七萬九千一百八十二元五角，以前年度預算轉入數四萬一千零七十元調整後預算數共為六億零八百九十五萬零九百五十二元五角，本部核簽支付書數為六億零三百零八萬四千八百九十三元五角，除轉入下年度預算數二百四十三萬四千二百八十六元外，尚有預算餘額三百四十三萬一千七百七十三元。

至國防最高委員會主管其事後審計事務亦如中央黨

部主管，例由中央監察委員會稽核處辦理，不歸本部掌
管，審核結果從略。

第三款　國民政府主管

國民政府主管經臨各費，本年度歲出預算數原列二
億六千七百三十萬零零三百元，動支第二預備金二千六
百八十萬零七千四百四十元，追加數八億七千一百四十
五萬六千八百九十四元四角，以前年度預算轉入數四十
三萬二千六百七十八元，調整後預算數共為一十一億六
千五百九十九萬七千三百一十二元四角，本部核簽支付
書為一十一億六千零三十三萬三千五百三十七元四角，
除轉入下年度預算數三百四十八萬四千三百二十五元
外，尚有預算餘額二百一十七萬九千四百五十元。

關於國府主管之各機關支出，本年度會計報告僅有
少數機關部份送審，審核結果，國民參政會經常費支
出，內有出席費、特別辦公費、溢支工餉、辦公費及不
當支出等五項，共八十八萬五千零三十二元，至於臨時
費支出亦列有出席費及招待費兩項共九十一萬一千零
七十九元，均經通知剔除。經濟策進會經常費支出開會
餅乾費四萬二千五百二十元，特別固定交通費究有何依
據發給，均經分別予以剔除或查詢在案，憲政協進會經
常費支出內列開會餐費一萬一千七百八十四元，及薦任
人員津貼二萬八千元，除餐費予以剔除外，至薦任人員
津貼究依何項標準發給，未經註明，已予查詢。文官處
文書局長溢支俸薪共計六百元，又科員等支領特別辦公
費是否兼有單位主管詳情未明，亦經填發審核通知，

　　總計本年度審核經臨費計算數二億六千一百四十四萬
二千四百七十八元三角二分，核准數七千一百一十七萬
一千零一十八元零六分，審核數一億八千九百七十四萬
一千四百六十元二角六分，至戰時特別補助費計算數與
存查數，內計生活補助費各為七千九百九十四萬一千
零七十一元八角四分，米代金各為一千一百一十九萬
六千五百九十元，食米各為三百九十七石二斗三升。

　　國民政府及其直轄各機關財務之稽察事務均經依法
辦理，綜其結果尚鮮不合，惟參軍處上年度生活補助費
平價米及代金結餘均未解繳，暫付款項為數頗鉅，主計
處財物帳冊尚未設置，上年度經費結餘及代收所得稅亦
未繳庫，業予糾正，又文官處印製任官狀開標案，經派
員監視辦理，計節省公帑五萬七千一百元。

第四款　行政院主管

　　行政院主管經臨各費，包括本機關暨所屬各部會署
主管本年度歲出預算數，原列二千零三十九億三千零五
十六萬五千九百元，經撥入三百萬元，撥出七千萬元，
動支第二預備金四十三億三千八百八十三萬九千五百十
四元六角四分，追加六千三百零三億二千七百三十一萬
五千五百二十元零三角一分，追減四十六萬六千八百
元，及以前年度預算轉入二十億零四千二百零七萬二千
八百八十七元三角一分，調整後預算數總計為八千四百
零六十二萬七千零二十二元二角六分，本部核簽支付書
數總計為八千三百七十八億五千四百八十九萬五千七百
五十元零三角四分，除轉入下年度預算數一十二億四千

五百一十六萬零六百四十七元一角五分外，尚有預算餘
額一十五億四千零五十七萬零六百二十四元七角七分，
茲更將本款各科目分析如次。

　　行政院主管之各部會署共計十八單位，各該主管單
位會計報告多部份送審，未能編報齊全，除行政院直接
主管各單位外，其餘所屬各部會署主管各單位因其機關
性質各殊，審核結果亦互有差異，或屬不合規定，或有
挪墊情事，或有結餘延未繳庫者，或有借支薪津久未歸
墊者，或有溢報情事者，或有違法支付者，或有漏送情
事者，以上種種違法或不當支出，均經通知剔除糾正查
詢補送改進及更正，並經費剩餘之催繳俱經逐案辦理，
統計審核本年度計算數五七、六七六、三四七、〇〇
六‧七八元，剔除數一、〇五五、五五一、六二九‧三
五元，核准數三九、二六九、〇七四、三二〇‧三五
元，審核數一七、三五一、七二一、〇五七‧〇八元，
又戰時特別補助費計算數與存查數，內計生活補助費各
為三、九九四、六〇五、三二七‧二七元，米代金各為
九三八、九六九、四七九‧五六元，食米各為五三一、
七四五‧四三石。

一、行政院直接主管

　　原列預算數為三億三千一百四十四萬零四百元，動
支第二預備金三億八千二百零六萬六千二百四十三元，
追加數二十九億零五百五十七萬六千八百八十元，以前
年度預算轉入數三百四十七萬六千七百五十元，調整後
預算數共為三十六億二千二百五十六萬零二百七十三

元，已經全數核簽並無餘額。

　　至其直接主管各單位會計報告，大致多已送審，審核結果，液體燃料管理委員會二月份經費列支修理鄭組長公文包拉練費，經予通知剔除。敵產處理委員會一至八月份經費內有職員米貼暨兼職交通費共一、八七四元，行政院會計處三至十二月份經費列報米貼及專員特別辦公費計達一、六五六‧五四元，善後救濟總署經常費列支辦公費暨交通費一五〇、〇〇〇元，專門委員交通費究依何項規定支給，未經註明原因，均經予以查詢通知。中央戲劇電影審查所全年經費內有薪俸表無名職員交通費一千七百元，上年度經費超支轉作本年支出一〇六、三五三元，及設備費超支一、〇三三元。敵人罪行調查委員會上半年經常費，列支伙食補助暨溢支旅費及結束費共四八四、八四二‧八二元，政務電訊管理處經費及結束遣散費列報伙食補助費一二、一六七‧四四元。戰時生產局經常費及瀘縣開辦費，內列招待餐費添菜等費暨外籍人員招待費，並員工伙食津貼共八、五三二、一一四元。總動員會議一至三月份檢察處經費內有副處長交通費，係依何項規定開支尚有未明，第二經濟檢察大隊等經常費暨結束費內有宴客費、聚餐費及活動費等共三五九、八三〇元，係屬不當支出，以上所述各項均已分別通知剔除或查詢。統計送審計算數一七八、八〇三、二八三‧七一元，剔除數五〇、六八〇‧〇〇元，核准數九五、四九〇、八六九‧三九元，審核數八三、二六一、七三四‧三二元，至戰時特別補助費計算數與存查數，內計生活補助費各為一〇八、

二一九、四六六・九六元，米代金各為一七、七一〇、
三九八・〇〇元，及食米各為三九、一三五石。

　　行政院及直屬各機關財務之稽察事務，經依法辦理
結果，除行政院財產帳冊尚未設置，庫存現金暨暫付款
項為數均鉅，善後救濟總署庫存現金與帳列不符等節，
已分別函請注意外，至營繕工程及購置財物諸事項均能
按照規定辦理，尚鮮不合。

二、內政部主管

　　原預算數為三億九千六百九十一萬四千一百元，動
支第二預備金三億四千三百六十三萬七千九百八十三
元，追加數一十一億零六百七十八萬三千七百八十四元
七角五分，追減數四十六萬六千八百元，以前年度預算
轉入數六十七萬二千四百九十一元，調整後預算數共
為一十八億四千七百五十四萬一千五百五十八元七角
五分，本部核簽支付書數為一十八億二千四百八十三
萬一千三百二十九元七角五分，除轉入下年度預算數
四百二十四萬四千元外，尚有預算餘額一千八百四十六
萬六千二百二十九元。

　　該主管各單位會計報告，除敵國人民收容所全未造
送，及禁烟委員會、警察總隊、國民大會代表選舉事務
處及中央警官學校等機關，均未能編送齊全外，其餘均
已依法全部送審，審核結果，內有內政部列支巡官春節
犒賞費及浮報食米暨生活補助費等項不符規定之情事，
均經分別予以剔除。他如列支印刷費缺附樣本，及生活
補助費暨食米等項尚未附送具領人蓋章收據，核有未

合，亦經分別通知補送。統計審核經臨費內之計算數共七千七百三十六萬八千九百五十六元五角八分，核准數為五千四百九十八萬七千一百二十二元九角，審核數為二千二百三十八萬一千八百三十三元六角八分，至戰時特別補助費類內生活補助費計算數為七千五百六十二萬一千四百九十元八角七分，存查數亦為七千五百六十二萬四百九十元八角七分，米代金計算數一千六百零四萬六千九百六十元，存查數亦為一千六百零四萬六千九百六十元，食米計算數為三千二百三十六石七斗，存查數亦為三千二百三十六石七斗。

內政部暨所屬各機關財務之稽察事務，經依法辦理結果，尚鮮不合，惟內政部職員借支款項久未收回，警察總隊經費超出預算為數頗鉅，已分別通知注意，又敵國人民第三收容所在獨山被炸燬，公文帳簿案以損失重大，經函請補送確實證件以便審核。

三、外交部主管

原列預算數為二億一千八百九十八萬六千一百元，動支第二預備金八千八百七十九萬二千四百二十六元，追加數三億五千七百二十一萬八千六百元，以前年度預算轉入數四十七萬一千八百二十元，調整後預算數共為六億六千五百四十六萬八千九百四十六元，本部核簽支付書數為六億三千三百五十三萬三千四百三十四元五角，除轉入下年度預算數一百二十八萬六千五百三十四元五角外，尚有預算餘額三千零六十四萬八千九百七十七元。

　　該主管各機關，除駐新疆省特派員辦事處暨勝利後，於東北區新設之特派員辦公署會計報告，均依法送部審核外，其餘駐各省區特派員辦事處送由各該省審計處辦理，至於外交部本身經費類及員工生活補助費之送審，尚屬齊全，惟其主管之宣傳情報暨招待等臨時費，及各使領館支出，均未編報送審，茲就已送部份審核結果，發現外交部有列報專員特別辦公費、郊遊補助費、客飯費，及粵桂區特派員辦事處列報招待費、筵席費、員工補助費等情事，實違規定，應予剔除。又新疆特派員辦公處列報職員伙食費，以新幣計算，但未註明國幣折合率，經予查詢，其餘送審各件尚無不合。統計送審計算數為二千九百二十五萬七千六百八十一元二角三分，核准數為一千七百零九萬零三百三十八元一角一分，審核數為一千二百一十六萬七千三百四十三元一角二分，至於戰時特別補助費尚未送審。

　　外交部及所屬各機關財務之稽察事務，經依法辦理結果，除駐粵桂特派員公署在六寨被炸損失公款五十三萬八千元及帳冊一案，尚在行文查詢外，至外交部上年度經臨各費及食米結餘均未解繳，暫付款項數額頗鉅各節，已函請注意。

四、軍政部主管

　　原列預算數為一千六百六十億零零八百六十萬元，動支第二預備金五億九千九百六十二萬八千六百二十九元，追加數五千一百七十六億三千零一十一萬二千九百八十五元，以前年度預算轉入數一十七億二千二百四十

萬零八千五百二十五元，調整後預算數共為六千八百五十九億六千零七十五萬零一百三十九元，本部核簽支付書數為六千八百五十九億五千三百四十二萬六千九百八十五元，尚有預算餘額七百三十二萬三千一百五十四元。

　　該主管會計報告之編送，先由軍政部會計處及其所屬各分處先事稽核，再行轉送本部及該管審計處審核，本部除參照軍政部會計處稽核意見斟酌辦理外，尚有手續不合暨支出不法等情事，仍予隨時糾正或剔除，審核結果計有第三陸軍醫院列報軍糧未附軍糧結算表，第三十六陸軍醫院列報埋葬費未附死者符號，榮譽軍人第二教養院經常費列報與單據數目不符，陸軍大學列報經常費未附支出憑證，軍事委員會外事局列報房地費未附驗收證明書，軍事委員會辦公廳以外幣列報宴會費，未經註明外幣與國幣之折合率，軍需署第二倉庫列報軍鞋費之驗收證明書，未經本部監驗人員簽名蓋章，軍政部軍務署列支私人酬酢已予剔除，並將原件發還，陸軍軍官第三預備學校，於經常費內列報私人用品及榮譽軍人月刊社列報印製費，其單據均無商店牌號，並漏貼印花。至關於軍事機關所送之會計報告多未附支出憑證，及購置營繕費亦多漏附驗收證明書，以上各項或因漏送證件，或因支出不合規定，均經分別通知補送查詢，或剔除在案，統計送審計算數為五百二十三億九千九百二十二萬一千二百二十一元三角六分，剔除數為一億五千二百一十五萬零八百四十四元八角五分，核准數為三百七十一億一千四百九十萬零一

千六百六十三元五角一分，審核數為一百四十二億三千
二百一十六萬八千七百一十三元，他如戰時特別費，內
計生活補助費存查數一十四億九千八百四十八萬一千四
百八十五元九角八分，米代金存查數二億零七百五十四
萬六千七百一十八元，食米一萬六千六百三十五石零
八升。

　　各軍事機關財務之稽察事務均經依法辦理，綜其
結果，關於營繕工程及購置財物開標案，共節省公帑
二千六百八十七萬零八百六十四元八角，驗收案節省公
帑二千零一十萬零九千七百三十九元一角八分，驗收軍
服案共扣罰款一千三百二十四萬四千五百七十七元零七
分，並追繳餘料一千二百五十餘碼，棉花四百八十九斤
九兩，其他處理不合規定事項並經隨時糾正，又軍政部
防毒處財產帳簿設置不齊，軍事委員會戰時運輸管理局
代收款未隨時繳庫，財物保管亦欠妥善，第一軍械總庫
公款未悉數存放國家銀行，年存現金與帳列不符均已分
別通知改進或注意。

五、財政部主管

　　原列預算數為一百四十三億九千九百七十六萬
一千二百元，動支第二預備金四億六千一百四十三萬八
千八百八十二元，追加數三百一十六億四千八百二十五
萬六千二百一十三元，以前年度預算轉入數一億八千零
四十一萬五千一百三十二元，調整後預算數共為四百六
十六億八千九百八十七萬一千四百二十七元，本部核簽
支付書數為四百六十六億八千九百八十五萬二千七百四

十一元，除轉入下年度預算數七千四百五十元外，尚有預算餘額一萬一千二百三十六元。

其主管各單位會計報告，除散居各省之稅局暨田賦糧食管理處，及海關向由各該管之審計處審核外，其逕送本部審核者計有財政部及所屬各署處會，茲依次概述其審核情形如後。

財政部及所屬機關三十四年度會計報告，多已依法全部送審，除財政部列報員工團體壽險費、溢支俸薪、浮報生活補助費、列支職員伙食津貼、兼領特別辦公費及交通費等項，核與規定不合，均已分別通知剔除外，其餘尚無不合者。

田賦管理委員會及所屬各單位經費會計報告，除該會本身部份仍由本部審核外，其所屬各省田賦糧食管理處部份，則分由各該管審計處審核，查其審核結果大致尚符規定。

各稅務機關及其主管各該單位經費類報表之送審及抽查結果，除重慶貨物稅局列報員工薪餉未具合法領據，俸薪表內未填列等級，及職員俸薪所得稅亦未依法繳庫外，關於重慶直接稅局列報職員膳費，川康直接稅局列報加菜費等項，亦與規定不符，應予分別查詢或剔除，其餘部份大致尚無不合。

總計審核計算數一十七億八千四百一十五萬五千四百五十一元二角九分，剔除數六十八萬三千一百七十二元，核准數為七億五千零九十七萬零九百四十九元五角三分，審核數為一十億三千二百五十萬零一千三百二十九元七角六分，戰時特別補助費內列生活補助費存查數

為一十四億九千八百四十八萬一千四百八十五元九角六
分，米代金存查數為二億零七百五十四萬六千七百一十
八元，食米存查數為一萬六千六百三十五石零八升，至
其計算數亦與各該數相同。

　　財政部及所屬機關財務之稽察事務，經依法辦理結
果，關於營繕工程及購置變賣財物各案尚鮮不合，遇有
意外損失亦尚能按照規定隨時報核，惟財政部上年度經
臨各費剩餘及歲入款項均未繳庫，直接稅署暫付款為數
甚鉅，國庫署生活補助費帳面結存與公庫支票存根餘額
不符，關務署平價米代金結餘未依照規定抵解，川康區
直接稅局借入其他機關款項迄未清結，重慶直接稅局挪
用生活補助費，皖北稅務管理局立煌分局、江西稅務管
理局挪用稅款，上饒關龍溪分關以稅款坐抵經費，皖南
鹽務分局稅款未隨時解繳，花紗布管制局成都辦事處對
倉存布匹保管不善，財政部田賦糧食管理委員會職員江
厚祥，及中央造幣廠職員趙佩璽等兼職兼薪，均經分別
予以糾正。至重慶鹽務管理分局局長王智明違法失職一
案，情節重大，並呈請監察院移付懲戒。

六、經濟部主管

　　原列預算數為三億三千一百八十三萬三千二百元，
動支第二預備金二億七千九百六十萬零四千九百零五元
六角四分，追加數二十億零三千七百七十三萬五千六百
八十元，以前年度預算轉入數四百三十二萬四百三十六
元，調整後預算數共為二十六億五千三百五十萬零一千
二百二十一元六角四分，本部核簽支付書數為一十二億

四千三百四十八萬五千五百六十一元一角七分，除轉入下年度預算數一十一億三千二百一十萬零九千零四十五元六角四分外，尚有預算餘額二億七千七百九十萬零六千六百一十四元八角三分。

至該主管各單位，除經濟部本部及所屬工礦調整處三十四年度經費類會計報告均未造送外，其餘所屬各單位如重慶商品檢驗局、中央地質調查所、商標局、礦冶研究所、中央工業實驗所、全國度量衡局萬縣檢驗分處、技工訓練所、駐蘇聯大使館商務委員會辦事處及美商務參事辦事處等機關，會計報告均已依法全部送審。他如全國度量衡檢定人員養成所、工業標準委員會、經濟部專用無線電總台、紡織事業管理委員會等機關，均僅部份送審，茲就送到部份審核，除內有列報職員膳食補助費、私人用品、委任人員特別辦公費及塗改單據日期等項，核與規定不合，均予分別通知查詢或剔除在案外，其餘大致尚屬符合，統計審核計算數為一億八千二百萬零零三千一百七十元零九角二分，剔除數一萬三千三百零九元，核准數九百二十七萬六千零九十三元零一分，審核數一億七千二百七十一萬三千七百六十八元九角一分，戰時特別補助費內列存查數為七千八百三十四萬八千六百零九元零五分，米代金存查數三千四百零三萬六千四百三十四元，及食米存查數為五千七百六十五石九斗，至其計算數亦與上列各該數相同。

經濟部及其附屬機關財務之稽察事務，均經依法辦理，綜其結果，尚鮮不合，惟中央工業試驗所現金出納

簿尚未設置財物帳冊，登記遲慢，全國度量衡局暫付款及借入其他帳類款久未沖轉，已予糾正。至全國度量衡局局長被訴舞弊案，經派員調查結果，該局財務處理確欠完善，當函請經濟部轉飭改善，以符法令，又商標局職員虞揮南，以委任人員支領特別辦公費並依法予以剔除。

七、教育部主管

原列預算數為七十八億二千六百四十六萬六千六百元，動支第二預備金九億六千零九十九萬零八百四十六元，追加數二百零八億零八百五十八萬一千二百八十六元，以前年度預算轉入數二千五百八十九萬二千六百二十四元，調整後預算數共為二百九十六億二千一百九十三萬一千三百五十六元，本部核簽支付書數為二百九十二億一千零五十九萬五千零零三元，尚有預算餘額四億一千一百三十三萬六千三百五十三元。

至該主管各費類如高等教育經費，內列中央政治學校、中央幹部學校、三民主義青年團、廣播事業費、新聞事業費及各校黨務費等費，均由中央黨部及三民主義青年團主管，不屬本部審核範圍，又本年度經常門，常時部份之各大學中學及其他各單位之經費，均已單獨成立預算。至其他各單位之臨時費，概由教育部統籌支配，變動既多，經費來源復有種種不同之項目，而分配預算亦多未盡完備，以致事後審核倍感不便，時有一案返往查詢，歷時甚久，仍未得結果者，次如教育文化經費類會計報告，經審核及抽查結果，計有禮樂館列報聚

餐費、房租補助費，管理中英庚款董事會列報辦公室花瓶費、招待費及聚餐費等項，國術體育專科學校列支低薪人員補助費及煤水津貼，上海醫學院列支員工福利膳宿補助費，特別津貼及購煤油，未依稽察程序辦理，社會教育學院且有浮報情形，四川造紙印刷科職業學校列支超支俸給煤水津貼、會議費、犒賞費及招待費等，中央大學列報招待費，技藝專科學校列有溢支俸給、開會費及低薪人員補助費等項，復旦大學列報把印油暨客飯費，勞作師範學校列報無憑證支出，中央研究院列有兼領俸薪暨研究費情事，江蘇醫學院列報交誼會餐費、春節犒賞費、端午節賞費、勝利賞費及中秋節賞費等項，國立十五中學列報有超越年度情事，以上各點核與規定不符，均予分別通知查詢剔除在案。統計審核計算數為一十三億三千二百六十萬零九千一百一十五元一角三分，剔除數為八十八萬三千六百九十九元，核准數為四億四千二百四十三萬五千三百四十元零八角二分，審核數為八億八千九百二十九萬零零七十五元三角一分，戰時特別補助費內列生活補助費，計算數與存查數各為十四億二千一百四十萬零二千八百二十三元七角四分，米代金計算數與存查數各為四億四千一百三十七萬六千二百二十六元零二分，食米計算數與存查數各為三十三萬零六百九十五石一斗五升。

　　教育部及所屬機關財務之稽察事務，經依法辦理結果，國立上海醫學院財物保管欠周，國立學藥專科學校歷年生活補助費、學生副食費、員工米代金及食米剩餘均未清繳，科學儀器製造廠現金支付手續不合規定，

48　抗戰勝利前後國民政府的審計工作（1945）
The Audit of Nationalist Government,1945

且未按時登帳國立江蘇醫學院，記帳遲緩，國立交通大學及國立編譯館暫付款項，為數頗鉅，國立湖南大學一部份教職兼職兼薪，均予糾正，國立貴陽醫學院、國立西北農學院及國立第十中學等院校首長被控貪污案，並函請教育部依法辦理，又營繕工程及購置財物開標驗收各案，經派員隨時監視，總計節省公帑四百零三萬六千六百二十三元零五分。

八、交通部主管

原列預算數為五億五千六百三十五萬一千一百元，撥出數七十萬元，動支第二預備金五億五千二百五十七萬三千七百八十三元，追加數七億三千三百五十八萬四千八百九十元，以前年度預算轉入數二百一十五萬九千二百三十四元四角五分，調整後預算數共為一十八億四千三百九十六萬九千零零七元四角五分，本部核簽支付書數為一十一億四千零一十六萬五千三百四十七元六角五分，尚有預算餘額七億零三百八十萬零三千六百五十九元八角正。

該主管各單位會計報告大致多已造送，審核結果，公路總局列報溢支旅費，公路總局工程幹部總處列支職務津貼暨俸給費超支，長江區航政局列報兼職人員車馬費，中國政府駐印無線電台列報補助費、職員特別補助費及職員津貼，究係依何項規定支給，戰時運輸管理局列支專員特別辦公費及委任職特別辦公費，運輸人員訓練所列支招待茶點晚餐及香烟費等，以上各點經核與規定不符，均予分別查詢或剔除在案。統計送審

計算數為三萬萬六千四百三十四萬四千零五十六元五角七分，剔除數為五十萬零三百零九元五角，核准數為九百八十五萬七千三百一十二元七角九分，審核數三億五千三百九十八萬六千四百三十四元二角八分，戰時特別補助費內列生活補助費，計算數與存查數各為一億四千零五十五萬六千零一十八元九角六分，米代金計算數與存查數各為三千七百一十四萬六千六百二十五元，食米計算數與存查數各為一萬零九百九十石零二斗。

交通部及所屬機關財務之稽察事務，經依法辦理結果，重慶電信局營業收支未編預算，暫付款項延不收回，湘桂、川陝、中緬等公路局運輸損失為數頗鉅，已予糾正。郵政總局職員管照微、管希夷、王致敬等六人兼領公費及公費補助，交通材料試驗所職員周祖同、柴志明兼職兼薪，均通知交通部依法辦理。又皖南公路管理處主任葉宗祺違法貪污，情節較重，並呈請監察院核辦。至營繕工程及購置財物開標訂約驗收各案，均隨時派員監視，總計節省公帑一十萬零二千元。

九、農林部主管

原列預算數為七千五百五十一萬零三百元，動支第二預備金三千八百零三萬零六百四十五元，追加數二億三千三百四十六萬二千四百六十五元五角一分，以前年度預算轉入數三千四百九十元，調整後預算數共為三億四千七百萬零零六千九百元零零五角一分，本部核簽支付書數為二億七千零九十萬零二千五百四十九元，

除轉入下年度預算數四千三百一十九萬二千四百二十五元五角一分外，尚有預算餘額三千二百九十一萬一千九百二十六元。

至其主管各單位會計報告，除陝西省推廣繁殖站等少數機關未送審外，其餘大致多已依法全部送審，經核結果，農林部除列報職員膳食津貼、過節津貼及職員伙食補助費等項外，尚有無原始支出憑證，且屬重複報銷暨單據無付款機關名稱之醫藥費及紙煙費等項，核與年度支出不符，墾務總局列有經費預算內動支遣散費及結束費等情事，以上各點均已分別查詢或剔除。統計審核計算數為三千一百四十三萬八千八百零五元二角二分，剔除數為二千八百五十元，核准數為一千八百二十五萬八千四百六十七元六角三分，審核數為一千三百一十七萬七千四百八十七元五角九分，戰時特別補助費內列生活補助費存查數為四千三百七十三萬四千三百九十六元四角三分，米代金存查數為一百四十三萬三千三百五十元，食米存查數為五千五百六十九石，至各該數之計算數亦復相同。

農林部及所屬機關財務之稽察事務，經依法辦理結果，尚鮮不合，惟中央林業實驗所公款存放商業銀行，而並未登帳，中央農業實驗所庫存現金及暫付款項數目鉅大，久未沖轉，已分別予以糾正。

十、社會部主管

原列預算數為四億三千五百一十三萬二千五百元，動支第二預備金七千三百八十五萬一千三百五十元，追

加數一十億零二千九百六十萬零三千二百一十三元，以前年度預算轉入數五十五萬二千三百零八元，調整後預算數共為一十五億三千九百一十三萬九千三百七十一元，本部核簽支付書數為一十五億三千六百七十六萬零七百五十五元，除轉入下年度預算數二百三十七萬八千六百一十六元外並無餘額。

至該主管所屬機關散佈全國，且各單位送審情形亦甚繁複，查本年度審核結果，發現社會部本部列報職員代職津貼費暨員工診病酬勞金，及其所屬各機關，如重慶工人福利社職員多支特別辦公費，兒童教養機關輔導隊列報職員伙食補助費，合作輔導團第三團多列生活補助費，合作輔導團第二團多列特別辦公費，勞動局列支廚役津貼，工人服務總隊部於公款內列支所得稅，北碚兒童福利實驗區列報勝利公宴費、工役加菜費暨聯誼餐費等情事，與規定不符，均已分別通知剔除或查詢在案。統計送審計算數為四億二千七百八十二萬六千六百八十九元九角六分，剔除數為三十四萬零七百四十元，核准數為一億四千七百八十三萬九千四百十元零四角九分，又戰時特別補助費內列生活補助費存查數五十九百六十二萬一千五百九十八元九角六分，米代金存查數為八百三十二萬七千一百五十元，食米存查數為五千五百六十九石，至其計算數亦與上列各數相同。

社會部及所屬機關財務之稽察事務，經依法辦理結果，除社會部合作事業管理局、第一育幼院、第二育幼院等機關出納及會計事務之處理，尚欠妥善，已予糾正。社會部購置文具及社會服務處建築診所工程等，共

扣罰款三萬二千三百一十四元外，其餘尚無不合。

十一、糧食部主管

原列預算數為八十一億九千一百零三萬零七百元，動支第二預備金二千七百九十四萬五千零五十元，追加數二百八十八億一千七百五十一萬三千六百二十五元，以前年度預算轉入數六千零八十一萬零四百一十六元，調整後預算數共為三百七十億零九千七百二十九萬九千七百九十一元，本部核簽支付書數為三百七十億零九千七百二十五萬六千四百十二元，尚有預算餘額四萬三千三百八十一元。

至該主管會計報告，除該部由本部審核外，至所屬各省糧食儲運局，則分由各該管審計處辦理，審核結果計糧食部倉庫工程管理處，列有年度不符及超越預算支出，南京市糧政特派員辦公處列有剩餘款五百四十五萬七千四百二十元，已否繳庫等項，與規定不符，均已分別通知剔除或查詢在案。統計審核計算數為七千八百八十四萬零四百一十三元五角六分，剔除數一千二百三十五元，核准數為六千二百三十三萬一千二百一十七元七角五分，審核數為一千六百五十萬零七千九百六十元零八角一分，戰時特別補助費內列生活補助費，計算數與存查數各為八千七百零七萬三千八百二十三元二角二分，米代金計算數與存查數各為一千六百九十四萬四千四百七十九元五角四分，食米計算數與存查數各為二千八百七十石零二斗。

糧食部及所屬機關財務之稽察事務，經依法辦理結

果，關於營繕工程及購置變賣財物各案，尚鮮不合，惟糧食部田賦署暫付款甚鉅，財物帳簿亦未設置。湖北田賦糧食管理處會計報表延不送審，利息收入並未入帳，湖北糧食儲運處會計事務處理不當，資中縣田賦糧食管理處工作遲緩，記帳遷延，預付暫付各款復久未沖轉，內江縣田賦糧食管理處，會計簿籍設置不齊，賬列數目間有不符，前任挪用暫付各款，久未清結，經予糾正。再四川糧食儲運局運糧損失數額異常鉅大，除嚴密審查外，並函請糧食部切實注意以杜冒濫。

十二、司法行政部主管

　　原列預算數為三十六億四千四百五十六萬四千二百元，動支第二預備金二億六千四百四十六萬九千五百八十一元，追加數二百億零零八千八百零四萬二千二百八十六元，以前年度預算轉入數二千五百二十八萬四千二百七十五元，調整後預算數共為二百四十億零二千二百三十六萬零三百四十二元，本部核簽支付書數為二百四十億零一千五百九十六萬零三百六十四元，除轉入下年度預算數五十九萬零六百七十元外，尚有預算餘額五百八十萬零九千三百零八元。

　　至該主管各單位會計報告多已造送，茲就送審部份審核結果，計司法行政部列報逾代理期間借支俸薪，最高法院檢查署列報勝利大會來賓餐費等，核與規定不合，均經分別查詢或剔除。綜計送審計算數為四千一百六十七萬五千一百七十一元六角一分，核准數二千零四十五萬五千四百四十元零六角七分，審核數為

二千一百二十一萬九千七百三十元零九角四分，戰時
特別補助費內列生活補助費，計算數與存查數各為
八千四百一十九萬二千九百三十五元零一分，米代金計
算數與存查數各為一千四百四十萬零二千八百三十元。

　　司法行政部及所屬機關財務之稽察事務，經依法辦
理結果，尚鮮不合，惟司法行政部庫存現金為數頗鉅，
且與帳簿記載亦有出入業予糾正。

十三、蒙藏委員會主管

　　原列預算數為七千九百一十九萬六千五百元，動支
第二預備金四千八百六十三萬五千四百四十三元，追加
數九千三百四十五萬一千八百二十元，以前年度預算轉
入數九萬七千二百元，調整後預算數共為二億二千一百
三十八萬零九百六十三元，本部核簽支付書數為二億二
千一百三十一萬七千七百九十三元，尚有預算餘額六萬
三千一百七十元。

　　至其單位會計報告多已送審，茲就送到部份依法審
核結果，蒙藏委員會有列報招待費與職員伙食補助費暨
專員特別辦公費及活動費等情事，核與規定不符，均
已分別查詢或剔除，其餘尚無不合。至本年度送審計
算數共為二、○○六、八三四、四○六元，內計核准
數為一二、二九五、一八一・○七元，審核數為七、
七七三、一六二・九九元，至戰時特別補助費內列生活
補助費存查數為一五、八六○、一六九・二五元，米代
金存查數為一○、五五一、四六八・○○元，食米存查
數為七九一石九斗，至各該數之計算數亦復相同。

十四、僑務委員會主管

　　原列預算數為三千萬零零八千四百元，動支第二預備金三千三百八十六萬九千七百元，追加數六千六百二十萬零一千四百零五元，以前年度預算轉入數二百一十二萬四千八百二十九元零九分，調整後預算數共為一億三千二百二十萬零四千三百三十四元零九分，本部核簽支付書數為一億二千九百七十三萬八千四百四十元，除轉入下年度預算數二百三十二萬五千八百九十四元零九分外，尚有預算餘額一十四萬元。

　　關於該主管各單位會計報告，除僑務委員會及所屬各地歸僑指導處多已送審外，至散在沿海各省之僑務處，應由該管審計處審核。本年度審核結果，僑務委員會除提前列報貴陽出國華僑登記三十五年度一至五月經費，應將原件發還外，並列報專員特別辦公費、科員特別辦公費、膳食補助費，回國僑民事業輔導委員會超支預算，未依法辦理，以及列報招待費及遣散餐費等，經核與規定不符，均應分別通知查詢或剔除。統計本年度送審計算數為三、六二六、九八一・七五元，核准數二七五、〇八三・四五元，審核數為三、三五一、八九八・三〇元，戰時特別補助費內計生活補助費存查數為一〇、六三〇、三六七・〇五元，米代金存查數為三九八、六〇〇・〇〇元，食米存查數為四石七斗，至各該數之計算數亦復相同。

　　僑務委員會財務之稽察事務，經依法辦理結果，除上年度經臨各費及食米結餘均未解繳，暫付款項為數頗鉅，已予糾正外，餘無不合。

十五、振濟委員會主管

原列預算數為五億零零八十五萬二千六百元，動支第二預備金三千七百八十六萬四千八百六十元，追加數四億八千三百一十九萬九千二百六十四元，以前年度預算轉入數五百一十八萬三千二百四十三元零七分，調整後預算數共為一十億零二千七百零九萬九千九百六十七元零七分，本部核簽支付書數共為一十億零二千零五十八萬零一百九十六元零七分，除轉入下年度預算數二百六十七萬二千四百四十元零九角三分外，尚有預算餘額三百八十四萬七千三百三十元零七分。

至該主管支出事後審計部份，因振濟委員會所屬各機關分散各處，且該會主管振濟經費向係因應需要施行統籌支配，其分設各處之救濟施行收容等站所又多屬臨時性質，故各單位送審情形至為繁複。本年度審核結果，計振濟委員會列報，未經簽名蓋章之會計員實習費溢支工餉、振濟委員會衛生所溢支工餉、振濟委員會醫療所溢支工餉，及配發兒童伙食每人每日配量若干未予註明等項，經核與規定不符，均予分別通知查詢或剔除在案。統計審核計算數為九三、六七八、六二二‧○三元，核准數為五二、九七四、二六四‧一七元，審核數為四○、七○四、三五七‧八六元，又關於戰時特別補助費，內計生活補助費存查數為五一、三一三、四九六‧三五元，米代金存查數為一二、四八八、六六○‧○○元，食米存查數為九一八石三斗，至各該數之計算數亦屬同額。

振濟委員會及其附屬機關財務之稽察事務，經依法

辦理結果，重慶第四兒童教養院帳簿登記遲緩，出納方面未設帳冊，重慶第三兒童教養院經臨各費，未分別設簿記錄歲入款及經費結餘亦未繳。振濟委員會職員張紅薇兼執行律師業務，職員馬文車等兼職兼薪，均予糾正，又戰時第一巡迴施診隊因中原戰事損失文卷公物一案，因顯係疏忽，並通知賠償不予存查，至營繕工程及購置變賣財物等案，經隨時派員監視，尚鮮不合。

十六、水利委員會主管

原列預算數為八千一百三十九萬四千三百元，撥入數三百萬元，動支第二預備金七百六十九萬四千元，追加數三億二千五百六十三萬六千六百七十八元五角五分，以前年度預算轉入數五十二萬七千八百二十二元七角八分，調整後預算數共為四億一千八百二十五萬二千八百零一元三角三分，本部核簽支付書數三億三千一百六十九萬七千二百六十元零七角八分，除轉入下年度預算數四千七百一十九萬三千四百六十四元五角五分外，尚有預算餘額三千九百三十六萬二千零七十六元。

各單位會計報告大致均已造送，除有仍照法令在本支出列報經費外，至於事業歲出項下列支事業費，其審核情形另節敘述，茲就本支出送到部份審核結果，計有水利委員會列支津貼，歌樂山區新聞宣傳委員會捐助歌樂山區社會服務處經費、職員伙食補助費、科員特別辦公費，參加中訓團制服費及溢報西北工學院講座薪津獎學金，水利示範工程處列報伙食補助費暨測量隊職員伙食補助費，水利示範工程處水文站列報中國鄉村建設育

才院補助費，黃河水利委員會溢支管理費暨挪用事業費
及技工車馬費，導淮委員會列報工友管理防空等津貼，
華北水利委員會列報職員房租補助費，河南水文總站列
支職員外勤費等，以上所列各項或核與規定不符，或因
支出情形不明，均已分別通知查詢或剔除在案。統計本
年度送審計算數為八四、一七九、二七五‧一七元剔除
數為六七、七五○‧○○元，核准數為二三、四九九、
五六三‧四六元審核數為，六、○六二、九六一‧七一
元，又關於戰時特別補助費，內列生活補助費存查數
為三九、○五二、二五九‧二六元，米代金存查數為
一三、五九八、四四○‧○○元，食米存查數為四一五
七石七斗五升，至各該數之計算數亦屬同額。

　　水利委員會及所屬各機關財務之稽察事務，經依法
辦理結果，水利委員會米代金結餘未能按期解繳，暫付
款及借入其他帳類款為數頗鉅，揚子江水利委員會現金
出納登記簿格式不合規定，三十二年度測量管理費等帳
目尚未清結，中央水利實驗處財物帳簿迄未設置，平價
米結餘亦未繳庫，經予糾正，至營繕工程購置變賣財物
及意外損失各案均無不合。

十七、衛生署主管

　　原列預算數為三億四千三百五十七萬二千七百
元，動支第二預備金一億三千一百七十八萬七千五百八
十八元，追加數一十億零二千八百一十萬零一千零零四
元五角，以前年度預算轉入數二十三萬九千四百五十元
零九角二分，調整後預算數共為一十五億零三百七十萬

零零七百四十三元四角二分，本部核簽支付書數為一十四億九千九百三十三萬四千九百五十六元四角二分，尚有預算餘額四百三十六萬五千七百八十七元。

至該主管各單位會計報告，除邊疆衛生院所暨拉卜楞醫院等少數機關尚未送審外，其餘大致均已送審，審核結果，衛生署列報溢支黨政軍聯誼會攤派聚餐費、醫師筵席費、招待費、科員特別辦公費，溢支俸薪暨多報膳宿費，徵用人員定額旅費，係依何項規定支給及跨列年度支出。衛生實驗院營養實驗所列報職員伙食補助費，衛生專門人員講習班列報伙食補助費。重慶中央醫院列報到差全部旅費暨職員伙食補助費，技術津貼，新任人員伙食補助費，受訓學員旅費，以及標準福利金依照何項標準支給。陪都中央醫院列報筵席費，員役伙食補助費及浮報數。河磁衛生實驗區醫院，列報職員伙食補助費及員工食米折合代金，核與規定標準不符等情事，以上所述各項，或因支出原由不明，或核與規定不合，均已分別通知查詢或剔除。總計送審計算數為二七四、四八八、一七六‧四六元，剔除數為八五七、〇四〇‧〇〇元，核准數為二二一、三〇八、七四二‧七一元，審核數為五二、三二二、三九三‧七五元，又關於戰時特別補助費內列生活補助費存查數為一〇二、四〇四、〇二六‧二八元，米代金存查數為四一、七三七、〇九〇‧〇〇元，食米存查數為二、一四六石一斗八升，至各該數之計算數亦復相等。

衛生署及所屬各機關財務之稽察事務，經依法辦理結果，衛生署墊付二十九年及三十一年米代金迄未沖

轉，並挪用國外捐款，中央衛生實驗院平價米結餘未按
照規定辦理，經臨各費暫付款為數均鉅，戰時醫療藥品
經理委員會三十三年度營業成績欠佳，以前年度累積盈
餘尚未繳庫，均予糾正。又西北防疫處洮南牧場三十三
年三月被匪搶劫損失財物案，以敘述欠詳當通知補送證
件，並詳敘經過，以便審核。至營繕工程及購置財物各
案，經派員隨時監視，計共節省公帑四十六萬八千元。

十八、地政署主管

原列預算數為四億七千八百九十五萬一千元，動支
第二預備金五百九十五萬七千六百元，追加數九億三千
四百二十五萬三千四百四十元，以前年度預算轉入數
七百四十二萬五千八百四十元，調整後預算數共為一十
四億二千六百五十八萬七千八百八十元，本部核簽支付
書數為一十四億一千二百八十九萬六千三百五十一元，
除轉入下年度預算數九百一十六萬零一百零五元九角三
分外，尚有預算餘額四百五十三萬一千四百二十三元零
七分。

關於該主管各費類會計報告，大致經已送齊，審核
結果，除內有列報委任特別辦公費，核有未合規定應
予剔除外，其餘尚屬符合。總計送審計算數為一一、
三一九、一一二‧二六元，剔除數為八五七、〇四〇‧
〇〇元，核准數為一一、三一九、一一二‧二六元，審
核數為五二、三二二、三九三‧七五元。又關於戰時
特別補助費內列生活補助費存查數為三五、四四一、
九五七‧二九元，米代金存查數為五、〇七三、一四

〇・〇〇元，食米存查數為八二五石七斗，至關於各該數之計算數亦屬等額。

地政署及所屬各機關財務之稽察事務，經依法辦理，結果除地政署暫付款及借入其他機關款數目過鉅，已通知迅予沖轉外，其餘尚鮮不合。

第五款　立法院主管

立法院主管經臨各費，本年度歲出預算數原列六千六百四十九萬九千七百元，動支第二預備金七十萬零三千五百六十一元四角八分，追加數一億五千九百五十四萬二千零二十元，調整後預算數共為二億二千六百七十四萬五千二百八十一元四角八分，已經全數核簽並無餘額。

至關該主管本年度經臨各費會計報告，除戰時特別補助費迄未送審外，其餘均已造送齊全，經核結果，計有列報招待餐費及食米等費，核與規定不符，均已分別行文查詢或剔除在案，其餘尚無不合。總計送審計算數為六七、二五六、二八八・五七元，剔除數為一一〇、四五二・〇〇元，核准數為一一、五七〇、〇九四・五七元，審核數為四五、五七五、七四二・〇〇元。

立法院財務之稽察事務，均經依法辦理，綜其結果尚無不合。

第六款　司法院主管

司法院主管經臨各費，本年度歲出預算數原列九千九百五十五萬四千四百元，動支第二預備金一千三

百四十二萬九千六百元，追加數一億七千七百二十五萬
七千五百八十二元，調整後預算數共為二億九千零二十
四萬一千五百八十二元，本部核簽支付書數為二億八千
九百六十六萬七千五百四十四元，尚有預算餘額五十七
萬四千零三十八元。

　　關於該主管各單位會計報告均已送齊，並經依法審
核，除司法院列報交通費已通知剔除外，其餘各單位送
審情形尚無不合，至本年度送審計算數五五、二一九、
八九八・一二元剔除數為二二〇、一四〇・〇〇元核准
數為一〇、六三五、二四八・一四元，審核數為三四、
三六四・五〇元，戰時特別補助費內計生活補助費存
查數為五四、五五三・七八元，米代金存查數為八、
八二一、八五〇・〇〇元，食米存查數為一九四二石九
斗，至各該數之計算數亦屬同額。

　　司法院及其附屬機關財務之稽察事務，均經依法辦
理，綜其結果，除司法院公務員懲戒委員會、最高法
院出納手續尚欠完善，已分別通知改進外，其餘尚無
不合。

第七款　考試院主管

　　考試院主管經臨各費，本年度歲出預算數原列
一億五千八百二十萬零八千一百元，動支第二預備金
二千七百六十八萬三千元，追加數三億二千三百二十三
萬八千七百九十四元三角九分，調整後預算數共為五億
零九百一十二萬九千八百九十四元三角九分，本部核簽
支付書數為五億零二百八十八萬四千三百六十六元三角

九分，除轉入下年度預算數二百八十三萬九千一百元
外，尚有預算餘額三百四十萬零六千四百二十八元。

　　至關該主管各單位會計報告，大致編送齊全，經核
結果發現考試院列報職員伙食補助費，溢支特別辦公費
暨動支第一預備金，已否奉准有案等情事，次如考選委
員會列報奶油蛋糕費，溢支工餉暨餅乾雜糖、月會聚餐
費等事項，此外關於銓敘部除列報超越預算跨越兩個年
度之支出外，尚有列報代金暨食米缺附蓋章清冊，及報
表與清冊數字之不符等情形，上列各點或因不明動支法
案，或因數字不符，或與規定未合，均已分別通知查詢
剔除，或補送在案。統計審核計算數為一六〇、三九
〇、八八一‧五四元，剔除數為八六〇、〇〇〇‧〇〇
元，核准數為九七、一五二、六七四‧三一元，審核數
為六二、三七八、二〇七‧二三元，戰時特別補助費生
活補助費存查數為三九、一二一、五八九‧七五元，米
代金存查數為一一、〇六三、四四〇‧〇〇元，食米
存查數為一、一一〇石三斗，至各該數之計算數亦復
等額。

　　考試院及所屬機關財務之稽察事務，經依法辦理結
果，除考試院經臨費結果均未解繳現金結存與帳列不
符，銓敘部歲入款未隨時繳庫財物帳簿，亦未設置。考
選委員會歲入款及代金結餘尚未解繳，出納手續亦欠妥
善，經予糾正外，其餘尚無不合。

第八款　監察院主管

　　監察院主管經臨各費，本年度歲出預算數原列三億

零零三十五萬八千八百元，動支第二預備金一億零八百六十九萬一千八百元，追加數七億一千五百零五萬八千二百一十七元六角，以前年度預算轉入數三百九十一萬八千九百七十元，調整後預算數共為一十一億二千八百零二萬七千七百八十七元六角，本部核簽支付書數為一十一億二千四百零六萬一千三百一十二元，轉入下年度預算數尚有三百九十六萬六千四百七十五元六角整。

　　各單位會計報告均已全部送審查，共審核結果，計監察院列報特別旅費暨列入伍補助費，審計部列報膳食補助費無憑證之支出累計表，與薪俸表所列之數字不符及多報修繕費，貴州省審計處列報職員煤水費暨聯總會攤派費，廣西省審計處列報重支俸薪，安徽省審計處列報駐庫審計人員補助費，河南省審計處列報出差人力車費暨汽車費，浙江省審計處列報公共食堂補助費，江蘇省審計處列報印刷費，國庫總庫審計辦事處內，有列報無付款機關名稱之支出單據，陝西省審計處列報溢支工餉，雲南省審計處列報開羅照片費等，核有未合，均已分別通知剔除查詢在案。審核計算數為二一〇、二一三、〇六五‧一七元，剔除數為四一、四〇〇‧〇〇元，核准數為一二六、二四二、二五三‧四八元，審核數為二三、〇七三、一八七‧七〇元，戰時特別補助費內計生活補助費存查數為二三、〇七三、一八七‧七〇元，米代金存查數為二九、三五九、〇三一‧〇〇元，食米存查數為七八、〇九九石八斗，至各該數之計算數亦復同額。

　　監察院及所屬機關財務之稽察事務，經依法辦理結果，除監察院會計帳冊登記遲緩，審計部財物保管尚欠完善，已分別通知改進外，其餘尚鮮不合。

第九款　債務支出

　　本年度國家總預算債務支出，原列四十七億八千八百六十六萬二千九百元，動支第二預備金一十二億九千六百六十五萬五千二百八十一元，追加數九十七億四千三百八十一萬零七百七十元，以前年度預算轉入數三十九萬八千二百九十七元，調整後預算數共為一百五十八億二千九百五十二萬七千二百四十八元，本部核簽支付書數為一百五十八億一千八百七十萬零九千四百二十四元，尚有預算餘額一千零八十一萬七千八百二十四元。

　　本年內關於各項公債還本抽籤，均經派員監視，綜其結果尚鮮舛誤。

第十款　公務員退休及撫卹支出

　　本年度國家總預算公務員退休及撫卹支出，經臨兩門原列預算數合計為八億四千七百二十四萬元，動支第二預備金五十萬元，追加數一千二百七十七萬五千七百二十五元，以前年度預算轉入數一千萬元，調整後預算數共為八億七千零五十一萬五千七百二十五元，本部核簽支付書數為四億五千一百三十六萬六千四百五十八元四角三分，除轉入下年度預算數八千零四十一萬零九百三十五元四角七分外，尚有預算餘額三億三千八百七十三萬八千三百三十一元一角整。

第十一款　補助支出

本年度國家總預算補助支出，經臨兩門原列預算數合計為一億一千二百五十二萬六千二百元，動支第二預備金一億九千五百四十二萬七千八百五十六元，追加數四億二千零五十五萬三千八百八十四元，以前年度預算轉入數三千零七十三萬四千八百七十元零七角五分，調整後預算數共為七億五千九百二十四萬二千八百一十元零七角五分，本部支付書數為七億五千一百四十萬零九千四百零二元一角四分，尚有預算餘額七百八十三萬三千四百零八元六角一分。

第二目　省市支出

本年度國家歲出總預算普通歲出之省市支出，原預算數為一百八十億零六千三百五十六萬九千七百元，動支第二預備金三十五億三千零一十五萬七千四百六十八元，追加數二百六十五億二千三百四十三萬九千三百零八元八角五分，及以前年度預算轉入數一億七千七百八十五萬三千一百九十五元九角八分，經調整後預算數共為四百八十二億九千五百零一萬九千六百七十二元八角三分，本部核簽支付書數共為四百四十八億一千一百三十萬零六千零七十七元零六分。

關於本支出之事後審計，除江蘇等十五省已設審計處，及重慶、南京兩市由本部辦理外，其餘未設審計處省份之總會計報告，多未送審，至各省審計處審核事務，本年度以東南、西南暨中原各省均受戰亂影響，頻行搬遷，或則工作未能依照進度完成，或則案卷損

失無法查報，故報送本部之各省歲出審核數字多欠齊
全，茲僅就已呈報到部者彙計，共審核計算數六、○
六二、四八五、○二八元，核准數五、四五五、一六
○、五九四元，剔除數二六、五八九、七○三元，審核
數五八○、七三四、七三一元，至關戰時特別補助費多
已併入上列各該數內列報，故不另述。

第一款　江蘇省

本年度江蘇省單位預算，政事別各款總數原列二億
三千四百七十九萬五千元，動支第二預備金二千零五十
九萬四千六百四十元，追加數四億一千二百六十一萬元
九千三百元，調整後預算數共為六億六千八百萬零零
八千九百四十元，本部核簽支付書數為六億六千四百零
九萬一千一百二十九元，尚有預算餘額三百九十一萬
七千八百一十一元。

本部江蘇省審計處，核簽撥款金額四億三千零零六
萬四千三百二十九元二角七分。

該省審計處自三十三年度廣德事變後，駐省各中央
機關既行全部撤退，而全省各縣又無一不淪陷者，故此
只有省級各機關送審。至其結核之數字，查計算數共為
六四、三一九、○八七元，內有剔除數四、二四四、一
二九元，核准數四九、九四七、一五二元，審核數一
○、一二七、八○六元。

江蘇省各機關財務之稽察事務，均由該省審計處依
法辦理。本年度以蘇省大部淪陷，稽察工作較屬清簡，
計共辦理監視驗收案六件。

第二款　浙江省

本年度浙江省單位預算，政事別各款總數原列八億三千一百六十六萬四千元，動支第二預備金八千八百萬元，追加數一十億零三千九百五十二萬四千八百一十四元，以前年度預算轉入數一百六十五萬一千零三十元，調整後預算數共為一十九億六千零八十三萬九千八百四十四元，本部核簽支付書數為一十八億零四百五十五萬四千五百七十九元，除轉入下年度預算數八千三百七十六萬四千二百元外，尚有預算餘額七千二百五十二萬一千零六十五元。

本部浙江省審計處核簽撥款書，經常門二億六千三百四十六萬八千四百一十一元四角九分，臨時門十八億零四百八十五萬三千六百八十元三角四分，事業歲出一千零六十二萬六千一百元，轉撥專款四千二百三十三萬六千七百八十六元五角，總計核簽撥款數大於核簽支付數，因墊撥保安防空官兵餉項副食費及公務員生活補助費調整數由省府年終彙辦追加之故。

其各機關會計報告，大致尚能依法按期送審，惟有少數機關因戰時交通不便或地處前方，或復員影響，遂致遲延送審者，亦經於年終通案查催。截至三十五年六月底止，查其審核結數則計算數共五二二、四五四、二七二元，內經確定剔除數三、八九一、○七三元，其餘五一八、五六三、一九九元係屬已核准數。

浙江省各機關財務之稽察事務，均由該省審計處依法辦理。三十四年度計稽察各機關營繕工程及購置變賣財物案件一百三十六件，稽察各機關意外損失案三十五

件，此外關於各機關現金收支之檢查及公務員兼職兼薪之稽察，亦均隨時嚴密辦理，遇有不合規定情事並分別予以糾正。

第三款　安徽省

本年度安徽省單位預算，政事別各款總數原列六億七千九百八十二萬三千元，動支第二預備金五千四百萬元，追加數八億二千二百一十六萬九千三百元，以前年度預算轉入數一千零一十八萬九千九百二十七元六角八分，調整後預算數共為一十五億六千六百一十八萬二千二百二十七元六角八分，本部核簽支付書數為一十五億一千七百六十二萬二千二百二十七元六角八分，除轉入下年度預算數五百一十二萬一千二百一十六元外，尚有預算餘額四千三百四十三萬八千七百八十四元。

本部安徽省審計處，核簽撥款書一十二億四千七百七十八萬七千零四十八元八角。

至其省級各機關會計報告，雖當時地處敵後，然該省審計處為適應戰時業務上之需要計，早在屯溪設立皖南辦事處，所有省級機關均尚能依法按期編造報表，就近分送，由該處及其辦事處審核。審核結果，教育文化及經濟建設支出，除教育廳、建設廳及運輸管理處三機關業經派員駐審，其支出會計報告尚能依照規定辦理外，關於教育廳所屬各學校等會計人員，均欠健全，其已編送之報表除數字錯誤外，大多不合規定，適與建設廳所屬各處局等機關同一情形，他如衛生、警察、財務等行政機關支出暨戰時特別補助費，內有少數單位會計

報告，或內容之錯誤，或有不當之支出，或有與法令抵
觸之開支，或有額外人員之列報，以及兼領多領虛報等
事項，均經依法分別通知剔除糾正、繳庫改進及函其
主管機關執行處分。總計其送審之計算數為四八一、
八三五、三五八元，剔除數六二、九二七元，核准數
四五八、七八八、一四六元，審核數二二、九八四、
二八五元。

安徽省各機關財務之稽察事務，均由該省審計處依
法辦理。本年度以監視各機關營繕工程，及購置變賣財
物開標比價訂約及驗收案件為最多，計共七十八起調查
各機關損失現金財物案次之，計十有九起，他如各機關
收支暨現金財物，亦均隨時檢查，遇有處理不合規定情
事，並經一一予以糾正。

第四款　江西省

本年度江西省單位預算，政事別各款總數原列一十
一億五千二百八十五萬九千元，動支第二預備金三千七
百一十四萬八千元，追加數九億四千三百二十四萬八千
五百元，以前年度預算轉入數八十一萬二千二百七十七
元九角二分，調整後預算數共為二十一億三千四百零六
萬七千七百七十七元九角二分，本部核簽支付書數為
一十七億五千二百六十二萬七千七百七十七元九角二
分，除轉入下年度預算數二億一千一百五十三萬八千二
百一十二元外，尚有預算餘額一億六千九百九十萬零一
千七百八十八元。

本部江西省審計處核簽撥款書，經常門常時部份

五億三千八百零八萬七千零九十六元四角四分，臨時部份十八億八千七百九十八萬三千三百九十五元三角四分，事業歲出九百五十六萬二千二百一十八元三角三分，總計核簽撥款數大於核簽支付數，因墊撥保安防空官兵餉項副食費及公務員生活補助費調整數由省府年終彙辦追加之故。

　　其省級各機關會計報告能依限送審者固多，其未能依限送審者，亦復不少。審核結果內有經常費、教育文化費、行政費、社會救濟費、臨時費、經濟建設費及公糧生活補助費等項，內有實付數超越預算數，或原始憑證不合規定，或屬不法支出者，均經分別繕發通知，綜計計算數四九二、〇四五、〇二三元，剔除數一〇、五二三、二八四元，核准數四八一、五二一、七三九元。又戰時特別補助費計算數內計公糧存查數一一三、八三七石二九，剔除數一三七石二〇，核准數一一三、七〇〇石〇九，其餘尚在行文查詢中。

　　江西省各機關財務之稽察事務，均由該處審計處依法辦理，三十四年度計先後派員監視各機關營繕工程，及購置變賣財物開標比價驗收等類案件二百三十六件，稽察十三縣田賦徵實情形，並檢查省垣各機關現金財物，遇有處理不合規定情事，均經分別糾正。

第五款　湖北省

　　本年度湖北省單位預算政事別各款，總數原列七億四千一百六十四萬七千七百二十元，動支第二預備金三千八百四十四萬一千三百二十元，追加數一十一億六千

五百四十五萬八千三百二十六元五角，以前年度預算轉
入數一千一百八十三萬七千八百七十二元，調整後預算
數共為一十九億五千七百三十八萬五千二百三十八元五
角，本部核簽支付書數一十九億一千零六十二萬二千四
百三十八元五角，除轉入下年度預算數四千六百六十六
萬二千八百元，外尚有預算餘額一十萬元。

　　本部湖北省審計處核簽撥款書，經常門常時部份
六億二千八百一十一萬八千一百二十一元九角一分，臨
時部份二十六億七千一百二十四萬四千二百六十四元二
角七分，事業歲出一千二百九十六萬零八百七十二元，
總計核簽撥款數大於核簽支付數，因墊撥保安防空官兵
餉項副食費及公務員生活補助費，調整數由省府年終彙
辦追加之故。

　　至該省各機關如行政、教育、文化、經濟、建設、
社會救濟、財務、公務員退休撫卹生活補助及公糧等費
類會計報告，仍多未能依照法定期限送審，其已送審者
均經依法審核，除省府委員會及省立農學院少數機關列
報經常費，核有未合應予剔除外，其餘大致尚符。總計
已結案之計算數為五五八、○五五、七八七元，決定剔
除數為一○、五二三、二八四元，已核准數為五五三、
七五三、七九五元，審核數為一九七、一三五元。

　　湖北省各機關財務之稽察事務，均由該省審計處依
法辦理。本年度以稽察各機關營繕工程及購置變賣財物
案件為最多，計共一百三十七件，檢查各機關現金財物
案件次之，計二十七起。綜其結果除營購事項，節省公
帑二千七百六十萬零八千二百四十一元四角七分，及

田賦管理處儲運處查有舞弊情節，已予糾舉外其餘大致尚合。

第六款　湖南省

本年度湖南省單位預算政事別各款，總數原列一十一億三千三百九十三萬四千九百四十元，動支第二預備金五千零二十九萬九千三百元，追加數五億七千五百一十七萬八千七百四十三元，以前年度預算轉入數一百七十五萬零五百三十八元，調整後預算數一十七億六千一百一十六萬三千五百二十一元，本部核簽支付書數一十五億三千一百八十三萬六千五百二十一元，除轉入下年度預算數二千六百七十五萬六千九百八十元外，尚有預算餘額二億零二百五十七萬零零二十元。

本部湖南省審計處核簽撥款書，普通歲出常時門五億六千三百九十四萬五千三百六十四元七角二分，臨時門二十五億五千一百二十三萬一千三百九十七元一角二分，事業歲出二百三十萬元，總計核簽撥款數大於核簽支付數，因墊撥保安防空官兵餉項副食費及公務員生活補助費調整數由省府年終彙辦追加之故。

其省級各機關會計報告，計有行政支出等九個費內，然以秋間戰事吃緊之影響及勝利還治之關係，仍多未能依限送審，且較往年送審為少，然就其編送部份，審核結果內有節餘生活補助費，彌補超支辦公費，銓敘人員超支俸薪，生活補助費超越預算支出，尚無核准追加法案者及原始憑證，與會計法第六十二條所列事實不符等事項，除均經分別依法剔除或逕予扣銷外，並對加

強抽審工作以補事後審計之不足，及預算應按時成立暨切合事實，以宏監督效能等事項，亦均有建設改進。總計計算數七二八、九六九、六六七元，剔除數九九三、九六八元，核准數五二一、七五九、八一四元，審核數二○六、二一五、八八六元，其餘尚未清結。

湖南省各機關財務之稽察事務，均由該省審計處依法辦理。本年度計先後派員監視各機關營繕工程，及購置變賣財物案件二百八十四件，稽察結果除有少數機關未依照法定程序辦理已予糾正外，其餘尚鮮不合。

第七款　四川省

本年度四川省單位預算政事別各款，總數原列二十九億六千二百二十六萬一千一百四十元，追加數三億零八百二十五萬三千五百七十六元，以前年度預算轉入數九百九十三萬七千三百六十二元，調整後預算數共為三十二億八千零四十五萬二千零七十八元，本部核簽支付書數為二十二億一千五百八十九萬零零七十八元，尚有預算餘額一十億零六千四百五十六萬二千元。

本部四川省審計處核簽撥款書，經常門常時部份四億零零九十八萬五千三百四十四元零三分，臨時部份三十五億一千三百四十六萬五千六百零三元九角一分，總計核簽撥款數大於核簽支付數，因墊撥保安防空官兵餉項副食費及公務員生活補助費，調整數由省府年終彙辦追加之故。

至該省各機關會計報告，自本年度起多能依法送審，其已送審部份除經濟建設支出暨教育文化支出內有

不合規定者，均經通知剔除，以及囚糧超支預算情事，其餘各項支出及財務收支處理程序，經核尚無不合。截至三十五年六月底止，綜計審核計算數六四、三一九、〇八七元，內經核准數為五、四五五、一六〇、五九四元，已確定剔除數為四、二四四、一二九元，審核數一〇、一二七、八〇四元。

四川省各機關財務之稽察事務，均由該省審計處依法辦理。三十四年度計調查，控訴公務員財務上不法行為案二十五件，調查公務員兼職兼薪案七件，監驗被服糧秣案五件，調查捐款案十七件，監視營繕工程及購置變賣財物開標比價驗收案二百八十三件，遇有不合規定情事均經分別予以糾正。

第八款　西康省

本年度西康省單位預算政事別各款，總數原列四億零一百七十六萬六千元，動支第二預備金八千二百三十一萬零八百四十八元，追加數六億五千五百五十九萬八千八百四十五元，以前年度預算轉入數二百零二萬五千元，調整後預算數共為一十一億四千一百七十萬零零六百九十三元，本部核簽支付書數為一十一億三千五百七十四萬一千六百九十三元，尚有預算餘額五百九十五萬九千元。

第九款　河北省

本年度河北省單位預算政事別各款，總數原列五千四百六十二萬元，動支第二預備金二億三千四百七十三

萬六千元，追加數三億八千七百八十三萬五千二百一十
元，以前年度預算轉入數三十萬零二千六百三十二元，
調整後預算數共為六億七千七百四十九萬三千八百四十
二元，經全數核簽並無餘額。

第十款　山東省

　　本年度山東省單位預算政事別各款，總數原列
一億一千五百八十六萬三千元，動支第二預備金四億二
千八百九十萬零九千元，追加數三億九千二百二十七萬
九千三百五十八元，調整後預算數共為九億三千七百零
五萬一千三百五十八元，經全數核簽並無餘額。

第十一款　山西省

　　本年度山西省單位預算政事別各款，總數原列
三億七千二百二十四萬五千元，動支第二預備金三億七
千二百八十四萬八千元，追加數一十一億二千八百一十
九萬二千元，調整後預算數共為一十八億七千三百二十
八萬五千元，本部核簽支付書數為一十八億四千七百三
十萬零二千元，尚有餘額二千五百九十八萬三千元轉入
下年度預算數。

第十二款　河南省

　　本年度河南省單位預算政事別各款，總數原列六億
九千六百九十二萬三千八百元，動支第二預備金三億三
千三百三十一萬二千零五十元，追加數一十七億七千九
百九十五萬六千零八十四元六角，調整後預算數共為

二十八億一千零一十九萬一千九百三十四元六角整，經全數核簽並無餘額。

　　至該省審計處本年度審核案卷，因在中原戰事倉卒撤退時損失，故無從詳報審核經過情形，茲就僅存材料概述之。關於支領薪津之圖章係屬油印，計算數超過預算數，以及各項未經呈准有案臨時費等不法及不經濟之支出，故應予以剔除。統計本年度計算數六三一、五三九、○九四元，剔除數一、四三五、四八四元，核准數二二九、○○二、○四八元，審核數為一、一○一、五六二元。

　　河南省各機關財務之稽察事務，均由該省審計處依法辦理。三十四年度計稽察各機關營繕工程，及購置變賣財物案一百四十六起，綜其結果，除有少數機關處理未能依照法定程序辦理已予糾正外，其餘尚鮮不合。

第十三款　陝西省

　　本年度陝西省單位預算政事別各款，總數原列一十億零八千四百一十六萬九千八百元，動支第二預備金一億四千九百三十四萬一千四百九十五元，追加數一十九億七千四百二十七萬六千九百廿六元五角八分，以前年度預算轉入數九百九十三萬三千七百二十四元，調整後預算數共為三十二億一千七百七十二萬一千九百四十五元五角八分，本部核簽支付書數為三十億零零七百七十二萬一千九百四十五元五角八分，除轉入下年度預算數五千一百八十萬元外，尚有預算餘額一億五千八百二十萬元。

　　本部陝西省審計處核簽撥款書，普通歲出經常門三億三千三百二十九萬三千二百九十六元九角五分，臨時門十六億三千七百八十四萬一千八百九十七元九角六分，事業歲出一千零五十六萬元。

　　該省各機關會計報告，多能依法送審，截至三十五年六月底止，經核蔵事者計有省政府、財政廳、社會處、保安司令部四個主管支出，大致尚無不合，業已清結填發核准通知。其次如民政廳主管除第五區行政專員公署生活補助費收支不符，及第六區行政專員公署經臨費超越預算，及第八區專員公署烟毒檢查所生活補助費不符外，餘無不合。教育廳主管則有華縣農業職業學校等經費報告，均未附送累計表，及以借墊作正報銷情事，實屬不合規定，經發審核通知。建設廳主管內有各水文站等機關，或有會計報告未依現行會計制度之一致規定辦理，或有未送審冬季炭火費、事業修繕費等預算法案，或有將工程費與管理費混合列報暨超越與誤報等情事，核有未合，已分別繕發審核通知。又關省參議會主管全未送審會計報表，仍在催送中。至於各機關生活補助支出之送審，除經核咸陽高級工業學校等，缺附清冊或編送會計紀錄，已予通知補送外，其餘尚無不合。統計送審計算數二七一、二〇九、六七八元，剔除數一四〇元，核准數二七一、二〇九、五三八元，存查數二〇五、六二一、八七〇元，其餘尚在行文催送中。

　　陝西省財務之稽察事務，均由該省審計處依法辦理。綜其結果，除有少數機關對財務之處理尚未能恪守法令已予糾正外，其餘大致尚屬良好。

第十四款　甘肅省

本年度甘肅省單位預算政事別各款，總數原列六億零九百二十七萬二千八百元，動支第二預備金一千七百九十二萬零七百五十元，追加數五億三千六百九十八萬五千三百七十三元，以前年度預算轉入數一百六十七萬二千六百七十二元，調整後預算數共為一十一億六千五百八十五萬一千五百九十五元，本部核簽支付書數為九億九千一百八十五萬一千五百九十五元，尚有預算餘額一億七千四百萬元。

本部甘肅省審計處核簽撥款書，經常門常時部份一億二千一百六十二萬五千四百八十元，臨時部份十億零二千九百三十八萬二千三百六十三元七角五分，總計核簽撥款數大於核簽支付數，因墊保保安防空官兵餉項副食費及公務員生活補助費，調整數由省府年終彙辦追加之故。

該省級各機關會計報告有迄未送審，或尚未送審齊全者，至其送審部份，經核大致尚符規定。統計送審計算數七○二、八三○、六七五元，剔除數六二三、二九一元，核准數七○二、二○七、三八四元，其餘尚未清結。

甘肅省各機關財務之稽察事務，均由該省審計處依法辦理。三十四年度計先後派員監視各機關營繕工程，及購置變賣財物開標比價訂約驗收等案一百零四件，調查物價二十四次，稽察清水等八縣田賦徵實情形，遇有處理不合法令情事，均經分予以糾正。

第十五款　青海省

本年度青海省單位預算政事別，各款總數原列九千二百八十五萬零一百元，追加數二億八千三百八十九萬五千九百七十六元，以前年度預算轉入數一千零九十三萬七千五百一十七元六角三分，調整後預算數共為三億八千七百六十八萬三千五百九十三元六角三分，經全數核簽並無餘額。

第十六款　福建省

本年度福建省單位預算政事別各款，總數原列九億零四百九十一萬七千一百廿元，動支第二預備金二億六千二百六十八萬九千二百廿八元，追加數一十二億九千六百九十四萬零八百四十一元，以前年度預算轉入數四萬七千三百八十六元七角五分，調整後預算數共為廿四億六千四百五十九萬四千五百七十五元七角五分，本部核簽支付書數為廿三億四千七百一十九萬九千五百七十五元七角五分，尚有預算餘額一億一千七百三十九萬五千元。

本部福建省審計處核簽撥款書，經常門常時部份十七億五千二百三十六萬五千四百四十二元，臨時部份一十八億七千九百四十三萬六千八百五十一元三角五分，總計核簽撥款數大於核簽支付數，因墊撥保安防空官兵餉項副食費及公務員生活補助費調整數由省府年終彙辦追加之故。

該省省級各級關計決算會計報告，多數尚未全部送審，同時以本年復員之影響致核結數亦較往年為少，查

已呈報到者，則計算數一八八、七四六、一一七元，剔除數一七二、○七四元，核准數三六、○二六、○八六元，審核數一五二、五四九、九五七元。

　　福建省各機關財務之稽察事務，均由該省審計處依法辦理。三十四年度先後稽察各機關營繕工程，及購置變賣財物案一百二十五件，計節省公帑三十五萬四千零九十七元五角。

第十七款　廣東省

　　本年度廣東省單位預算政事別各款，總數原列九億七千四百六十萬零六千元，動支第二預備金四億一千三百一十七萬八千四百元，追加數一十二億五千二百零五萬八千元，以前年度預算轉入數七萬六千一百十六元，調整後預算數共為廿六億三千九百九十一萬八千五百一十六元，本部核簽支付書數為廿五億五千二百七十九萬一千五百一十六元，除轉入下年度預算數九百六十七萬三千一百五十八元外，尚有預算餘額七千七百四十五萬三千八百四十二元。

第十八款　廣西省

　　本年度廣西省單位預算政事別各款，總數原列八億九千三百零八萬七千一百元，動支第二預備金二億八千九百九十萬零八千二百三十八元，追加數一十五億九千零六十六萬七千八百二十元零四角，以前年度預算轉入數四千四百五十三萬五千七百六十八元，調整後預算數共為二十八億一千八百一十九萬八千九百二十六元四

角，本部核簽支付書數為二十八億零七百八十萬零四千
一百三十六元四角，除轉入下年度預算數五百七十一
萬九千三百八十二元外，尚有預算餘額四百六十七萬
五千四百零八元。

　　本部廣西省審計處核簽撥款書，經常門常時部份
二億四千六百五十六萬四千七百零一元，臨時部份三十
七億四千三百二十二萬三千九百二十七元，其他支出
十五億四千四百七十三萬九千六百七十七元，總計核簽
撥款數大於核簽支付數，因墊撥保安防空官兵餉項副
食費及公務員生活補助費調整數由省府年終彙辦追加
之故。

　　至各機關會計報告之送審，因當時審計處既淪於敵
後，而復與省政府各處一方，除各機關時有避敵進犯之
遷徙，致使計決算送審遲延外，更以交通險阻郵件時損
失或影響計算送審不齊，或使決算無法審核，均經分別
依法催告及通知取具遺失證件，以憑辦理至其審核結
果，內有各機關支用應變費，至年度終了時，仍未補辦
預算手續，及各機關復員費於不敷支用時，或挪付薪餉
暨生活補助費，或在復員費內報支辦公費，均屬與法令
不合，經予分別通知剔除。統計本年度已結案之計算數
與核准數各為三三、九九八元，三五、九九八、一二
六元，其餘為存查備案數共為四一五、八四一、九八
六元。

　　廣西省各機關財務之稽察事務，均由該省審計處依
法辦理，祇以該省大部淪為戰區，稽察工作較屬清簡。
本年度計辦理監視各機關營繕工程及購置變賣財物案五

件，稽察收支及檢查現金案十六件。

第十九款　雲南省

本年度雲南省單位預算政事別各款，總數原列九億五千五百萬零零六千四百二十元，動支第二預備金七千六百八十五萬四千元，追加數一十八億二千三百二十五萬七千零六十六元，以前年度預算轉入數五百六十八萬一千二百零四元，調整後預算數共為二十八億六千零七十九萬八千六百九十元，本部核簽支付書數為二十六億六千零七十九萬八千六百九十，尚有預算餘額二億元。

本部雲南省審計處核簽撥款書，經常門常時部份九億四千零七十一萬二千零零六元，臨時部份二十八億九千八百五十四萬六千零二十四元，總計核簽撥款數大於核簽支付數，因墊撥保安防空官兵飼項副食費及公務員生活補助費，調整數由省府年終彙辦追加之故。

其會計報告以該處成立未久，而省級各機關送審手續多未熟習，故能依限編送齊全者尚少，茲就編送部份審核結果發現不合規定情事仍多，統計已結案之計算數三三一、七二六、五四三元，剔除數一○三、九六○元，核准數三二四、五五六、三七一元，審核數七、○六六、二一六元。

雲南省各機關財務之稽察事務，均由該省審計處依法辦理。本年度監視各機關營繕工程及購置變賣財物案，共有三百五十八起。總計省節公帑一千五百卅四萬九千二百廿四元八角四分，其他財務上處理不合規定事

項，亦均分別予以糾正。

第廿款　貴州省

　　本年度貴州省單位預算政事別各款，總數原列七億
一千七百七十萬零六千五百元，動支第二預備金六千四
百四十二萬一千六百元，追加數一十八億三千二百四十
萬零八千零九十六元，以前年度預算轉入數六百三十萬
元，調整後預算數共為二十六億二千零八十三萬六千一
百九十六元，本部核簽支付書數為二十四億三千四百四
十二萬三千七百九十四元，除轉入下年度預算數二千六
百七十二萬五千零三十九元外，尚有預算餘額一億五千
九百六十八萬七千三百六十三元。

　　本部貴州省審計處核簽撥款書，普通歲出經常門一
億七千一百五十五萬九千七百五十五元，臨時門十八億
六千五百六十九萬八千一百四十元零五角三分，事業歲
出九百萬元。

　　至該省省級各機關會計報告之送審者，共一百六十
五單位，經核結果大致尚無不合，其有未符者，計在俸
薪暨特別辦公費項下發現兼領多領，及偽造領章等不法
行為，或在辦公費項下發現偽造或漏送單據憑證等不忠
於職務情事，此外尚有項與項移用未辦流用手續，及列
報私人廣告費暨溢支生活補助費者，以上各項均經分別
通知剔除處分，或補送在案。總計本年度送審計算數
八四二、六九三、七六一元，剔除數四三四、五一六
元，核准數七六五、三七九、五五二元，審核數七六、
八七九、六九三元。

　　貴州省各機關財務之稽察事務，均由該省審計處依法辦理。卅四年度計稽察各機關營繕工程及購置變賣財物案七十四件，調查損失公物現金案十件，檢查現金財物案十件，稽察收支案七件，參加各機關有財務會議七次，遇有處理不當情事，均經分別予以糾正。

第廿一款　遼寧省

　　本年度遼寧省單位預算政事別各款，總數原列一百九十萬元，追加數二百九十三萬五千八百八十二元，調整後預算數共為四百八十三萬五千八百八十二元，本部核簽支付書數為三百八十八萬五千九百廿四元，尚有預算餘額九十四萬九千九百五十八元。

第廿二款　吉林省

　　本年度吉林省單位預算政事別各款，總數原列一百九十萬元，追加數三百五十九萬三千二百四十二元，調整後預算數共為五百四十九萬三千二百四十二元，經全數核簽並無餘額。

第廿三款　黑龍江省

　　本年度黑龍江省單位預算政事別各款，總數原列一百三十四萬六千元，追加數一百七十四萬八千八百四十二元，以前年度預算轉入數七萬元，調整後預算數共為三百一十六萬四千八百四十二元，經全數核簽並無餘額。

第廿四款　熱河省

本年度熱河省單位預算政事別各款，總數原列一百九十萬元，動支第二預備金三億七千五百萬元，追加數三百卅八萬五千六百四十二元，調整後預算數共為三億八千零廿八萬五千六百四十二元，經全數核簽並無餘額。

第廿五款　察哈爾省

本年度察哈爾省單位預算政事別各款，總數原列八百三十八萬三千元，動支第二預備金一百零九萬八千六百四十元，追加數二千八百五十二萬八千五百一十二元，調整後預算數共為三千八百零一萬零一百五十二元，經全數核簽並無餘額。

第廿六款　綏遠省

本年度綏遠省單位預算政事別各款，總數原列一億二千四百四十七萬二千二百五十元，動支第二預備金一億零四百八十八萬五千四百元，追加數二億三千三百六十萬零七千七百九十元，以前年度預算轉入數五百一十二萬四千元，調整後預算數共為四億六千八百零八萬九千四百四十元，本部核簽支付書數為四億四千一百六十八萬九千四百四十元，尚有預算餘額二千六百四十萬元，轉入下年度預算數。

第廿七款　寧夏省

本年度寧夏省單位預算政事別各款，總數原列二億

零七百二十七萬四千零一十元，動支第二預備金二百四
十萬元，追加數二億四千二百八十二萬九千九百五十元
零七角七分，以前年度預算轉入數五萬零六百九十七
元，調整後預算數共為四億五千二百五十五萬四千六百
五十七元七角七分，本部核簽支付書數為三億八千九百
五十五萬四千六百五十七元，尚有預算餘額六千三百萬
元零七角七分。

第廿八款　新疆省

　　本年度新疆省單位預算政事別各款，總數原列五千
九百四十萬零六千元，全數未經核簽。

第廿九款　重慶市

　　本年度重慶市單位預算政事別各款，總數原列六億
四千六百九十七萬元，動支第二預備金二千七百九十八
萬六千一百三十九元，追加數一十億零五千六百萬零五
千二百九十二元，以前年度預算轉入數五千四百九十一
萬七千四百七十一元，調整後預算數共為一十七億八千
五百八十七萬八千九百零二元，本部核簽支付書數為
一十六億五千七百萬零九千七百七十九元，尚有預算餘
額一億二千八百八十六萬九千一百二十三元。

　　該市市政府及所屬各機關事後會計報告，大致均已
依法送審查，財政局除支出項下缺附正式領據暨收支對
照表應行補送外，尚有溢收情事，予以通知辦理追加預
算及繳庫。教育經常費內開支市區出差旅費時之列報雜
費、導師鐘點費，未曾註明。圖書雜誌審查處關於年度

不符之工役膳宿補助費，市立師範學校臨時費內之建設
費列支辦公費。工務局於經常費內列支尚未離職人員俸
薪，防空洞管理處經常費內列報招待茶點費，及固定交
通費暨市長其他特別辦公費等，科員支薪二百元支特別
辦公費。重慶市公共汽車管理處，材料管理不善，帳務
處理欠妥。地政局事業費內列專員特別辦公費，及年度
不符之特別辦公費，並於臨時費項下列報銓敘合格補發
之加成數，溢支工餉及無商號名稱支出及浮報等項，此
外發給房主救濟津貼，由市政府秘書處第三科保管室出
具發票。衛生局購舊金山會議紀念照片，關於門診收入
應編歲入預算及其他各項收入，應分別列為基金會計處
理，市民醫院等單位，列支加班添菜費，定額交通費及
委任職特別辦公費等項，又列支職員福利費暨醫師特別
津貼，及前任院長仍支薪庫房煤水津貼，編送病人伙食
費實支憑證。社會局除經常費內列委任科員特別辦公
費、生育補助費、出差人員報支膳費，均經分別予以剔
除更正查詢。他如應行通知改進者有：（1）代收公司
登記執照費，提留辦公費應轉入歲出分配數。（2）應
設普通日記簿。（3）轉帳科目應用分錄轉帳傳票等事
項。警察局第七分局除計有俸給費超支，生活補助費多
支，應剔除並補送領據外，尚有（一）規定收入及罰金
應編各種預算。（二）歲入類不應設墊付款等科目。
（三）歲入現金依法繳庫，及各會計事項應作統制紀錄
等項，應行分別通知糾正或改進及繳庫。市政府秘書
處列支茶點費，及會計處報支委任股長特別辦公費暨
私人用費，均應通知剔除。除救濟院及所屬習藝所及

振濟院，各有木料款節賞及職員福利費等不法不當支出，經予通知剔除。總計本年度審核計算數為一五○、三九二、○四三元，剔除數四七、五七九、三一七元，審核數一○二、八一二、七二五元。

重慶市各機關財務之稽察事務，由本部及駐市政府審計人員辦公室分別依法辦理。綜其結果，各機關財務處理情況尚屬良好，其有不合規定情事，亦經隨時通知注意，以策安全。

第卅款 南京市

本年度南京市在國家普通歲出總預算內原未列入，收復後臨時追加一十二億五千三百八十七萬四千四百二十元，內有三百八十七萬四千四百二十元，係於第二預備金項下動支，均經本部如數核簽。

至該市各機關會計報告，截至三十五年度六月底止，計全部送審者共十四單位，其餘均屬部份或全未送審。審核結果，衛生局列報米代金，延至三十五年度底始送審，清潔總隊除經常費預算曾否奉核准有案，及清潔垃圾費用途如何，原由未明，均應予查詢外，尚有經常費內列報工餉及生活補助費暨公糧代金等，均未加蓋私章，應予剔除。市立醫院列報經常費與開辦費預算，曾否核准，無案可稽，應予查詢。會計處經常費列報三十五年度各單位機關費用，應予剔除並將原據發還，又開辦費曾否奉准有案，應予查詢。社會局於自治部份教育經常費內，浮報茶水費及定報紙等費，均無付款機關名稱，於法不合，均予如數剔除。地政局臨時費列報

順風汽車，未附合法驗收證明文件，應予查詢。財政局
及稅捐徵收處經常費九至十二月份送審案內，缺附財產
增減表及該年度財產目錄，此外尚有預算曾否呈准，無
案可稽暨未支出分配數應予解庫等情事，均經分別通知
補送查詢或繳庫。秘書處經常費與開辦費，未附財產增
減表財產目錄，及京市各界國慶日大會經費領據更正累
計表等，亦均應分別通知補送。南京市民銀行資本支出
項下列報中秋加菜費，及營業盈餘均已分別通知剔除及
繳庫，日僑集中營管理處日僑給養費內支戰役生活補助
費，實有未合，應予剔除。總計本年度審核計算數一、
五一九、○六二元，核准數七一九、五九一元，其餘為
未結清之審核數七九九、四九一元。

第卅一款　上海市

上海市原未列入總預算，而於收復後臨時追加廿
九億元，業經本部全數核簽。

第卅二款　縣市建設費

本年度縣市建設費預算原列六億元，並無調整，本
部核簽支付書數共為四億五千七百九十一萬二千四百五
十元，尚有預算餘額一億四千二百零八萬七千五百五
十元。

本年度省市支出預算除以上各款外，並列有待分配
數八億元，經追加六億元，調整後預算數共為一十四億
元，本部核簽支付書數為一十二億八千五百一十二萬
五千一百零四元，尚有預算餘額一億一千四百八十七萬

四千八百九十六元。

第三節　事業歲出之審計

　　卅四年度國家歲出總預算事業歲出，除縣市建設費外，列有建設基金、營業基金及其他事業三項支出，其預算數原共列二百一十七億六千一百八十一萬二千六百元，動支第二預備金一十七億六千八百二十五萬零零零三元，追加數二百一十三億九千四百四十四萬二千七百一十七元，追減數二億四千三百四十三萬元，以前年度預算轉入數三億五千一百五十六萬三千二百九十八元一角三分，調整後預算數共為四百五十億零三千二百六十三萬八千六百一十八元一角三分，本部核簽支付書數為四百零七億四千六百零三萬三千六百零三元八角三分，尚有預算餘額四十二億八千六百六十萬零五千零一十四元三角正。

　　至關事業歲出之事後審計，因事業機關之單位既較繁多，而各該單位主管業務之性質又極複雜，甚至有同一機關經事費分由普通與事業兩類歲出負擔者，故本支出審核工作比普通歲出尤為繁難，本部自接辦建設專款審核事務以來，即依法令力行整飭然，各機關仍有未能悉依法令送審。審核結果，舉其重要者，計有違法提撥盈餘，及員工待遇超過規定暨酬宴浮報等，不法不當之支出，固較普通公務機關為多，而經費統籌支配科目之隨時變更，及會計制度之尚欠完備，亦均使稽核工作倍形繁劇。本年度送審之計算數，共為二十八億八千零七百一十八萬三千零八十元，內計核准數四億二千九百零

五萬七千一百一十四元四角，剔除數一百三十九萬二百
九十六元五角二分，審核數二十四億五千零二十七萬零
九百元一角，比較核准數約佔計算數七分之一，至於戰
時特別補助費計算數與存查數，除建設基金支出各主管
支出業已編送報表外，其餘如營業基金支出暨其他事業
基金支出各主管，均未送審。茲依基金別析為以下各
目，擇要說明其審核經過概況。

第一目　建設基金支出

　　本年度建設基金支出預算計列一百四十一億六千零
三十六萬四千二百元，動支第二預備金二億一千九百八
十二萬五千七百八十八元，追加數一百二十八億六千七
百一十三萬三千五百六十九元，追減數八十萬元，以前
年度預算轉入數二億一千三百三十四萬二千零五十六元
一角三分，調整後預算數共為二百七十四億五千九百八
十六萬五千六百一十三元一角三分，經核簽二百三十六
億二千七百三十四萬五千六百四十元零八角三分，尚有
預算餘額三十八億三千二百五十一萬九千九百七十二元
三角正。

　　至本支出之事後審計，原稱「建設事業專款」審核
之事後部份，除就已將決算送審，並經派員巡審者，依
主管別分為下列各款，簡述其結果外，茲僅統計該支出
已送審之計算數為十九億四千三百九十八萬六千二百五
十七元五角三分，剔除數一百三十九萬零二百九十六元
五角二分，核准數四億二千九百萬零七千一百一十一元
四角，審核數為十五億一千三百五十三萬八千八百四十

九元六角一分，又關於戰時特別補助費，計算數與存查
數內計生活補助費，各為三億五千七百二十七萬七千五
百七十六元二角九分，代金各為二億一千六百六十七萬
零二百三十三元九角二分，食米各為五萬五千四百五
十石。

第一款　行政院直接主管

行政院直接主管建設基金支出，原列預算數為一十
億元，追加數七千四百萬元，調整後預算數共為一十億
零七千四百萬元，本部核簽支付書數為九億二千五百七
十萬零六簽零三十二元，預算餘額尚有一億四千八百二
十九萬三千九百六十元。

至該主管經費類會計報告，係以西北衛生實驗院治
療支出部份佔額最大，約達百分之六十，其餘則為新疆
地質調查所暨新疆教育機關等補助支出，然迄今仍少依
法送審者。

第二款　軍政部主管

軍政部主管建設基金支出，原列預算數為一百零
二億九千一百四十萬元，追加數二十一億四千九百二十
一萬七千七百元，調整後預算數共為一百二十四億四千
零六十一萬七千七百元，本部核簽支付書數為八十八億
七千四百萬零零八千二百零五元，預算餘額尚有三十五
億六千六百六十萬零九千四百九十五元。

至其主管各兵工廠收支之會計報告，除有關收入部
份，已於歲入審計一章詳及外，茲再述其已照前經商訂

辦法，編送決算，並經派員巡審之支出部份。審核結果，在建設費方面如第二十一工廠列報建設費，經核其決算，頗有剩餘，至財務支出程序，亦屬符合規定。第二十六工廠除列報建設費約六千萬元外，尚有各項財產購置費，曾否依照法定手續辦理，有所未明，經予查詢，第五十工廠動支增產建設費尚未結賬，及以往各年度亦未辦理結賬手續，均經分別通知一併補辦。兵工署軍用特種車輛零件試造研究所，歷期均有盈餘，但在修造費內計有工眷平價米折款十九萬四千五百五十元，購平價米差額金一萬五千零十元，行李費五千二百八十元，提前列報五十二萬八千九百九十五元四角九分，及補貼工匠家屬不敷之食米等情事，均屬不合規定，經予通知剔除，至缺附子女就學補助費、領據、盈虧撥補表及事業報告等項，亦經通知補送以便核結。戰時運輸管理雲南分局，在食宿站改善工程費內，列支出差補助費一萬七千九百八十元，於法不合，經已通知剔除。至在製造費方面，第十工廠製造費收支雖有盈餘，然列報旅費一萬零一百元，核與規定不合予以剔除。又總賬內「雜項收入」戶列載廢品，作價款三千一百九十五萬二千一百一十六元八角一分，惟該項廢品既未標售，應退庫保管留待處。理不應作價轉賬至礙損益之正確，經予通知更正。第二十四工廠製造費收支係屬盈餘，然資產負債表內列累積盈餘與上年度盈餘滾存不符，次如將標售銅板邊角款撥作福利基金，但於資產負債表內並無福利基金科目，至關應將三十三年度以前暫付應收賬款等收轉結清，及墊附子女教育費係專案請款抑屬呈准，

在製造費項下列報等項，均有未明經予查詢。第二十五工廠本期製造費尚有盈餘，但於支出列報驗煤（五月二日）失吉八噸半，計價三十一萬零八百元，核已超過稽察金額，未辦理稽察程序，又列招待中央訓練團學員午餐費十萬五千元，係屬不當支出，職員未領米代金二千九百六十元，未予繳還，列入雜項收入，以及印花稅款一百零三元五角七分，非該廠收入等項均應如數剔除，並通知繳庫。第二十六工廠製造收入，除上期與本期共虧損約壹千零九十五萬八千五百四十六元七角九分外，計列報招待費係屬不當支出，應予剔除，他如缺附成本計算表、盈虧撥補表及事業報告者等項，亦經通知補送。第五十二廠製造費收支經核近年以來，均屬盈餘，但有未合規定各事項如（1）該廠額外人員曾否陳准有案。（2）資產負債表列支累積盈餘二億三千七百二十萬六千四百七十九元二角二分，較上年盈餘滾存增加一億八千一百零二萬零八十六元四角六分，應呈明主管機關並通知本部備查。（3）三十三年度以前暫付各款尚未收回，應速整理聲復備查。（4）尚未沖轉各項付款應速清結聲復備查。（5）合作社及農林場週轉金過鉅，並漏送決算報表，均經分別填發審核通知，又如材料盤存盈虧應列損益科目，並各種改造成品或半成品應列改造費用科目及計算成本，應由工務部份供給材料，以求出各產品單位成本等事項，亦經分別通知改進。至本年度各費類核結之數字，以未准分別送審，是以無從查列。

　　軍政部所屬各領用建設基金機關財務之稽察，均經

分別辦理。綜其結果，關於營繕工程及購置財物開標案，共計節省公帑四千三百四十二萬四千五百九十八元三角六分，驗收案節省公帑四百萬零零七千八百七十七元，至各兵工及軍需工廠等財務上或會計上處理不當情事，並經隨時糾正用策改善。

第三款　財政部主管

　　財政部主管建設基金支出，原列預算數為五千萬元，經全數核簽並無餘額。

　　其主管之建設基金支出，僅有外銷物資增產基金一個科目，至領用該基金之機關亦僅有外銷物資，增產推銷委員會經核其送審各項會計報告，除忠縣實驗區經費九十五萬九千九百四十四元八角，大致尚符已予核准外，其餘如增產事業基金等四項支出，共二千五百九十四萬六千七百零四元七角二分，均有應行剔除糾正或查詢等事項，業已填發審核通知，迄未准復結案。

第四款　經濟部主管

　　經濟部主管建設基金支出，原列預算數為二億四千四百一十五萬八千三百元，追加數七千一百一十六萬零三百五十三元，追減數八十萬元，以前年度預算轉入數五百八十萬七千四百七十元，調整後預算數共為三億二千零四十萬零六千一百二十三元，本部核簽支付書數為三億一千四百八十萬零六千一百二十三元，預算餘額尚有五百六十萬元。

　　至其主管各種工業建設收支之事後審計，除有關盈

餘部份已見歲入審計外，關於各單位支出部份會計報告
之審核情形，依費類別擇要述之，第一在資本支出方面
共有十二廠處，如雲南鋼鐵廠資本支出內報支房屋及設
備決算等，多列六十一萬一千七百六十六元三角二分，
尚未沖減，又各項購置建築費缺附合同圖說，本年度決
算超支八千八百一十四萬七千二百一十四元九角九分等
事項經分別通知剔除補送查詢在案。川康銅業管理處天
寶銀鋅廠，列報資本支出超越預算及資本支出項下列報
貸金暫付款九千元，追加預算曾否呈奉核准，經分別查
詢礦產測勘處，列報資本支出內有分攤翁部長宴費及筵
席費共三萬九千六百六十六元八角，及漏送小龍炊房屋
驗收證件，經予分別通知剔除補送在案。資源委員會電
化冶煉廠及岷江電廠籌備處，列報資本支出暨追加資本
支出超支一千一百零八萬四千四百九十八元，及缺附送
驗收證明書，均分別通知剔除補送。昆明電廠在全年
度資本支出項下列報職員戰時生活貸金一百一十五萬
五千五百九十三元六角二分，購置及營繕工程費均在規
定稽察金額以上，並未辦理稽察程序及津貼張文奇伕馬
費十二萬元等項，均屬於法無據，予以剔除，又各種營
繕購置費漏附估單合同及驗收證件，經予通知補送，資
本支出決算數超支四百零九萬八千四百二十八元三角一
分，曾否呈准有案，經一併查詢。龍溪河水力發電工程
處，資本支出除各項招待費、加菜費、膳食費、撫卹金
及喪葬費等，或經通知剔除，或經通知補送收據。修文
河水力發電工程處，資本支出超支數及生活貸金，曾否
呈准有案，經予以剔除及查詢。中央無線電器材廠列報

資本支出超支數五千餘萬元，及廣漢酒精廠列報資本支出超支數一千三百餘萬元，曾否奉准追加有案，經予分別查詢。中央機器廠列報資本支出購置財物超過規定營繕工程，未經稽察程序共八百九十餘萬元，經予剔除。製革鞣料示範實驗工廠，資本支出內有資產支出預算數二百一十萬元之財源，及其未支出之分配數一百七十六萬餘元之處理情形，均有未明，予以查詢。在創業費方面者計有十單位，如明良煤礦公司創業費內列支各種建築，既未經通知監視驗收而增減價格，又未通知查核，又如宿舍浴室等建築費，概於營業支出項下列報，以致加重成本，至於創業費決算超支五千餘萬元及其歷次追加數，曾否呈准有案，亦有未明，均經分別通知注意並聲復。煤鐵兩礦聯絡鐵路工程處建設費內列報超支食米費等三項，除內有一萬四千五百六十二元一項予以剔除外，其餘兩項均予通知查詢。滇川礦務局創業費列支代金六萬六千六百一十一元，於法無據，他如缺附職員津貼及伕馬費一萬九千八百元原始憑證，祁零煤礦保管費列支招待費，應均經分別通知予以剔除或補送在案。盤縣酒精廠在創業費內之特別費既其他項下報支戰時生活貸金二十九萬餘元，予以剔除。中央無線電器材廠創業費列支中國建設工程熱壓機兩部，曾否依照稽察程序辦理，此外尚有中央工業試驗所等四單位，除工業標準委員會外，均經分別通知剔除及查詢在案。總計本年度送審計算數為十九億四千三百九十八萬六千二百五十七元五角三分，剔除一百三十九萬零二百九十六元五角二分，核准數九千五百七十四萬零四百六十三元一角四

分，審核數一億六千七百四十七萬四千五百六十二元一
角四分，又戰時特別補助費計算數與存查數內列生活補
助各為二億六千三百七十萬七千零三十四元二角八分，
米代金各為一千八百五十六萬三千三百七十元，食米各
為五千九百石。

　　經濟部所屬各領用建設基金機關財務之稽察事務，
經依法辦理結果，關於營繕工程及購置變賣財物各案，
尚鮮不合，惟動力油料廠、資蜀煉鋼廠、甘肅酒精廠、
甘肅水泥廠、昆明電廠、蘭州電廠、咸陽酒精廠、資渝
鋼鐵廠、宜賓機器廠、甘肅油礦局等機關財務處理猶欠
完善，節經依法予以糾正。

第五款　交通部主管

　　交通部主管建設基金支出，原列預算數為一十一億
四千七百九十九萬二千四百元，動支第二預備金一億二
千三百五十四萬六千二百八十元，追加數七十七億一千
一百五十二萬零一百四十五元，以前年度預算轉入數
一億九千四百六十四萬三千四百二十一元，調整後預算
數共為九十一億七千七百七十萬零二千二百四十六元，
本部核簽支付書數為九十一億八千三百七十九萬一千八
百一十三元五角，尚不敷六百零八萬九千五百六十七元
五角，係生活補助費超支數年終彙辦追加。

　　該主管送審及派員巡審結果，在建設費方面，發現
驛運總管理處建設費內除未核定前超支遣散費三萬餘
元，各站處糧秣週轉金三百萬元，均經通知剔除，此外
預算曾否呈准有案，並補送各分處實支憑證，材料試驗

所領用之建設事款內列領到該項專款一千八百萬元，其累計表截至本月份止，分配數如何僅達一百五十七萬餘元，及超越預算數曾否奉准追加有案，均經分別查詢。又在資本支出方面，發現滇越鐵路滇段管理處，資本支出內列報津貼工程師旅費一十四萬餘元，於法無據，予以剔除。又全年資本支出超出預算四千餘萬元，曾否呈准追加，經通知聲復。公路總局滇緬路工務局資本支出，列報灘購黨員儲蓄券暨向外洋購料，未收到部份材料，既未收到亦未附實支憑證及撥補歷年呆賬損失等情事，均經分別通知剔除。保密公路新工總處資本支出，列報處長木炭報款錶帶及燙衣費，秘書科長報支木炭電費加洗像片費及家屬用炭費等項，均經分別剔除。滇緬公路督辦公署保管處全年度支出資本，計有兼職津貼及職員出差行李過重費等項，均經如數剔除。保密公路新工總處第一工程處資本支出，列支職員到差膳費、職務津貼，李成處長住屋租金及職員赴渝購機要相片費，均已分別剔除，至於列報木炭費發票，曾有塗改，亦屬違法。統計本年度審核計算數為十億四千一百五十八萬七千七百六十二元七角六分，剔除數十一萬二千八百四十六元五角，核准數四千六百四十九萬八千六百三十九元四角七分，審核數九億九千四百九十七萬六千二百七十六元七角九分，至戰時特別補助費計算數與存查數內計生活補助各為四千零三十二萬四千一百二十五元，米代金各為二千一百九十六萬四千三百四十元一角，食米各為一萬五千零一石。

交通部所屬各領用建設基金機關財務之稽察事務，

經依法辦理結果，關於營繕工程及購置各案，除開標時核減價款四百二十萬零七千六百五十六元，驗收時扣除罰款三十四萬七千零一十四元外，尚鮮不合，惟國營招商局投資私人企業建設專款，發生借差墊付款項久未收回，鋼鐵配件廠記賬遲緩，經予糾正。

第六款　農林部主管

農林部主管建設基金支出，原列預算數為八億三千三百六十萬零零三百元，動支第二預備金一千一百七十三萬九千七百元，追加數一十四億一千六百三十萬零八千三百六十一元，以前年度預算轉入數一千一百五十六萬八千四百零七元一角三分，調整後預算數共為二十二億七千三百二十一萬六千七百六十八元一角三分，本部核簽支付書數為二十二億七千三百一十二萬五千七百六十八萬一角三分，預算餘額尚有九萬一千元。

至其主管各機關送審情形，有將經常費單獨造送者，有合併為經事費造送者，審核工作較為繁瑣，惟各機關送審核屬相符，至於核結情形，查農業推廣委員會等十二單位經事費內列報津貼，溢支多報、挪用超支及漏蓋私章等項均經予以剔除，次如訓練人員伙食津貼費，係依何項規定支給及員工遣散費並分配預算數，曾否奉准有案，暨牛瘟疫苗貸款已否辦理稽察手續，並補送驗收證件，經費剩餘如何處理，及俸薪費內列報柴火津貼等項，均未敘明原由，經分別予以查詢。農場經營改進處等十個機關，經常費內有西北羊毛改進處四單位，列有主任雇員房租費超支預算，遣散費、補助費及

處長酒席費等項，核與規定不合，業已分別通知剔除，次如中央畜牧實驗所六單位係究由何機關委託辦理監驗手續，職員調查費係依何項規定支付，預算數曾否奉准有案，技術主任既註明出國改發七成支薪，何以仍支全額俸薪，並發還特別辦公費，副本列報房租原因不明，以及遣散費、移墾費暨交通銀行透支利息曾否奉准有案等項，均經通知查詢，其餘如洮河流域國有林區管理局及第三經濟林場之生活補助費，亦有多報或重報等情事，經予以分別通知剔除，截至三十六年六月底統計送審計算數為三億一千九百零九萬五千一百七十五元五角五分，剔除數十八萬二千九百三十元，核准數一億七千五百七十六萬六千零一十元七角九分，審核數一億四千三百一十四萬六千二百三十四元七角六分，至戰時特別補助費計算數與存查數，內計生活補助各為一億五千零一十七萬二千零四十一元一角五分，米代金各為九千一百九十五萬三千五百一十三元五角，食米各為二千三百九十十石。

第七款　水利委員會主管

水利委員會主管建設基金支出，原列預算數為五億九千三百二十一萬三千二百元，動支第二預備金八千四百五十三萬九千八百零八元，追加數一十四億四千四百九十二萬七千零一十元，以前年度預算轉入數一百二十四萬二千七百五十八元，調整後預算數共為二十一億二千三百九十二萬二千七百七十六元，本部核簽支付書數為二十億零零五百九十萬零七千六百九十九元二角，

預算餘額尚有一億一千八百零一萬五千零七十六元八角正。

　　至該主管各機關會計報告之送審，以各測量隊等單位番號名稱時有更換，殊難審核，但各局處所經臨費造送情形尚屬整飭，審核結果，在經常費方面，發現陪都附近小型農村治水工務所等六單位，以列報職員伙食補助費、加班菜費、特別辦公費暨其他不當支出等情事為最普通之現象，經通知予以剔除。至關第二二三及二二四兩測量隊內有超支數如何辦理。樂山區顧問室宣傳委員會津貼費，係依何項規定辦理生活補助費之超支，及畢業實習費暨米代金之預算曾否呈准等項，均經予以查詢，至在臨時費方面，計有綦江水道閘壩管理局等五單位，除該管理局有應行補送支出憑證，其餘各單位均列報辦事員津貼、局長等房租津貼、職員制服費、鞋襪費、中秋節犒賞費、制服呢料費等情事，業已分別通知剔除或查詢統計。送審計算數三億一千九百五十九萬六千二百八十四元九角四分，剔除數六十萬零二千五百一十一元零二分，核准數一億一千一百零五萬一千九百九十八元，審核數二億零七百九十四萬一千七百七十五元九角二分。至戰時特別補助費計算數與存查數內計生活補助各為一千二百零五萬四千七百五十元六角六分，米代金各為八千四百一十八萬九千零一十元三角二分，食米各為三萬二千一百四十五石。

　　水利委員會所屬各領用建設基金機關財務之稽察，均經依法辦理。綜其結果，尚鮮不合，惟水工儀器製造廠賬務處理，猶有未當，已通知改進。

第二目　營業基金支出

本年度營業基金支出，預算計列五十八億一千七百一十八萬九千三百元，動支第二預備金一十二億四千六百五十萬元，追加數八十一億六千零五十萬零三千七百四十二元，追減數二億四千二百六十三萬元，以前年度預算轉入數一億二千四百八十四萬六千二百四十二元，調整後預算數共為一百五十一億零六百四十萬零九千二百八十四元，經核簽一百四十七億二千零五十八萬六千五百一十元，尚有預算餘額三億八千五百八十二萬二千七百七十四元。

第一款　財政部主管

財政部主管營業基金支出，原列預算數為二億八千萬元，經全數核簽並無餘額。

至該主管各單位經費類會計報告，除已如前述四行兩局尚未送審外，茲就已造送部份審核結果，發現中央造幣廠營業支出，除列報意外準備金三百九十八萬九千四百六十四元六角二分，經予通知剔除外，其餘大致尚無不合。次如中央印製廠營業支出內列報職員一至四月份房租十九萬零七百二十五元八角一分，核與公務員戰時生活補助辦法規定不符，及楊副廠長用絲棉被三五、四〇〇・〇〇元，不應由公款開支核屬私人費用，均經予以剔除。至於食鹽專賣收入已於歲入審計部份述及，茲不另贅，至食鹽專賣各單位營業支出會計報告，均由本部鹽政總局審計辦事處審核，審核結果大致尚無不合。統計三十四年度營業支出計算數為

五百四十三億七千五百三十一萬四千六百一十九元一角
五分，剔除數為二萬四千二百三十四元四角，核准數為
五百四十三億七千五百二十九萬零三百八十四元七角五
分，至於營業外支出計算數為八億二千六百七十一萬
七千零一十一元八角二分，其餘尚在行文查詢中。

第二款　經濟部主管

　　經濟部主管營業基金支出，原列預算數為一十九億
九千六百萬元，追加數一億八千三百三十三萬元，追減
數二億四千二百六十三萬元，以前年度預算轉入數三千
一百九十八萬二千二百四十二元，調整後預算數共為一
十九億六千八百六十八萬二千二百四十二元，本部核簽
支付書為一十九億三千六百七十一萬二千二百四十二
元，預算餘額尚有三千一百九十七萬元。

　　至於該部主管各單位營業收支，除有關盈虧計算部
份已見歲入審計部份外，至審核各單位營業支出結果，
計有雲南鋼鐵廠列報零砰押金，超出預算支出，曾否呈
准有案。電化冶煉廠列支押金與戰時職員貸金延期歸還
損失，滇北礦務局列報照片費暨臨時房租費，資蜀鋼鐵
廠內有不當及不經濟支出之購置費單據不合規定，明良
煤礦公司列報戰時職員生活貸金暨子女教育貸金等不當
支出，昆明電廠列報復員期間，繼續在廠服務員工獎
金、管理費超出預算，曾否呈准有案，萬縣電廠列報職
員戰時生活貸金及膳宿補助費，昆明電冶廠列報贈送私
人轎車費超支，營業費購置卡車四輛、印刷機兩部，價
款已否呈准有案，中央電工器材廠昆明第四廠列報購置

費超過規定金額，未辦稽察手續，中央電工器材廠昆明
第一廠列報子女教育貸金之浮報款，上海敵產造紙廠列
報墊付款修理費、工料費、交際費及雜費等項，中央工
業實驗所純粹化學藥品製造工廠記賬多未依其規定程序
辦理，中央機器廠列報購置費單據於法不合，及購置財
物超過規定價款，尚未經稽察程序，以上所述各事項經
核與規定不合，均已分別通知查詢或剔除在案。總計本
年度送審計算數為三千七百六十萬零四千一百二十六元
七角，審核數均以未准聲復結案，故仍如上數。

第三款　教育部主管

　　教育部主管營業基金支出，原列預算數為二千七百
五十二萬九千三百元，動支第二預備金二千萬元，追
加數三百萬元，調整後預算數共為五千零五十二萬
九千三百元，經全數核簽並無餘額。

第四款　交通部主管

　　交通部主管營業基金支出，原列預算數為三十四億
二千六百萬元，動支第二預備金一十一億五千萬元，追
加數七十九億三千四百一十七萬三千七百四十二元，以
前年度預算轉入數八千九百八十六萬四千元，調整後預
算數共為一百二十六億零零零三萬七千七百四十二元，
本部核簽支付書數為一百二十五億五千七百八十九萬九
千六百五十八元，預算餘額尚有四千二百一十三萬八千
零八十四元。

　　其主管各單位營業收支之有關盈虧計算部份，已於

歲入審計部份敘及，至其營業支出，審計結果，計有滇
越鐵路滇段管理處列報職務津貼及購物單據未經註明用
途，又關總務及事務等費超支預算，是否已呈准有案，
川滇鐵路公司列報兼職人員津貼、私人用具暨總經理額
外津貼、私人酬應員工生活救濟費、職員職務津貼及私
人行李運費等項。重慶電信局於本年度各月份員工補
助，除按中央規定分別發給米代金外，另於特種支出內
列報青年米代金，以及員工端午節獎金等費，以上各項
核與規定不符，均已分別予以查詢或剔除。總計送審計
算數為八億七千九百八十八萬一千三百六十七元二角三
分，審核數亦以未准聲復結案，故仍同前數。

第五款　農林部主管

農林部主管營業基金支出，原列預算數為五千四百
六十六萬元，動支第二預備金八百五十萬元，調整後預
算數共為六千三百一十六萬元，本部核簽支付書數為三
千五百五十萬元，預算餘額尚有二千七百六十六萬元。

其主管各單位營業支出，凡有關盈虧部份，經於歲
入審計部份言及，至於營業支出部份，審核結果計有農
場經營改進處列報職員房租費、事業費結餘流用於經
費。陝西省推廣繁殖站預算，已否呈准有案。西昌墾牧
實驗場於俸給費項下列支柴火津貼等費，經核與規定不
符，均已分別通知查詢或剔除在案。統計送審計算數為
一千九百一十四萬六千五百五十六元五角六分，審核數
亦以未准聲復結案，故兩數仍屬相同。

第六款　振濟委員會主管

振濟委員會主管營業基金支出，原列預算數為六百萬元，動支第二預備金五千五百萬元，調整後預算數共為六千一百萬元，本部核簽支付書數為五千八百九十四萬五千三百一十元，預算餘額尚有二百零五萬四千六百九十元。

第七款　水利委員會主管

水利委員會主管營業基金支出，原列預算數為四百萬元，追加數四千萬元，以前年度預算轉入數三百萬元，調整後預算數共為四千七百萬元，經全數核簽並無餘額。

第八款　衛生署主管

衛生署主管營業支出，原列預算數為一千八百萬元，動支第二預備金一千三百萬元，調整後預算數共為三千一百萬元，本部核簽支付書數為二千九百萬元，預算餘額尚有二百萬元。

第九款　地政署主管

地政署主管營業基金支出，原列預算數為五百萬元，經全數核簽並無餘額。

第三目　其他事業支出

本年度其他事業支出，預算計列一十七億八千四百二十五萬九千一百元，動支第二預備金三億一百九十二

萬四千二百一十五元，追加數三億六千六百八十萬零
五千四百零六元，以前年度預算轉入數一千三百三十七
萬五千元，調整後預算數共為二十四億六千六百三十六
萬三千七百二十一元，經核簽二十三億九千八百一十萬
零一千四百五十三元，尚有預算餘額六千八百二十六萬
二千二百六十八元。

第一款　行政院主管

行政院主管其他事業支出，原列預算數為一十億
元，動支第二預備金二億五千六百三十八萬五千一百六
十三元，追加數二億一千二百五十五萬四千七百六十四
元，調整後預算數共為一十五億六千八百九十三萬九千
九百二十七元，本部核簽支付書數為一十四億八千零一
十四萬五千四百二十七元，預算餘額尚有八千八百七十
九萬四千五百元。

第二款　教育部主管

教育部主管其他事業支出，原列預算數為五千零
二十一萬九千一百元，追加數二千一百三十九萬零八百
元，以前年度預算轉入數一千三百三十七萬五千元，調
整後預算數共為八千四百九十八萬四千九百元，本部核
簽支付書數為一億一千四百五十一萬七千一百三十二
元，尚不敷二千九百五十三萬二千二百三十二元，係生
活補助費超支數年終彙辦追加。

第三款　交通部主管

交通部主管其他事業支出，原列預算數為三億九千四百零四萬元，並無調整。本部核簽支付書數為三億八千五百零四萬元，預算餘額尚有九百萬元。

其主管各單位會計報告，多未送審，現就送達部份審核結果，計有重慶公商車輛調配所列報補助，新橋社會服務處津貼及職員特別辦公費，曲江公商車輛調配所三十四年度一至三月份會計報告，現金出納表所列數字與累計數字不符。第一公路工程督察區列報轉支費暨各月份職務津貼，第六工程督察區列支各月份職員伙食補助費，第五工程督察區列報轉支費、職員職務津貼，第四公路工程督察區會計報告內有預算科目互相流用，曾否依照預算法之規定辦理等項，經核與規定不符，均已分別通知查詢或剔除，然多未准聲復結案，故略其數字。

第四款　糧食部主管

糧食部主管其他事業支出，原列預算數為二億五千萬元，經全數核簽並無餘額。

第五款　司法行政部主管

司法行政部主管其他事業支出，原列預算數為二千萬元，經全數核簽並無餘額。

第六款　水利委員會主管

水利委員會主管其他事業支出，原列預算數為七千

萬元，動支第二預備金四千五百五十三萬九千零五十二元，追加數三千二百八十五萬九千八百四十二元，調整後預算數共為一億四千八百三十九萬八千八百九十四元，經全數核簽並無餘額。

其主管各單位會計報告，亦多未送齊，茲就送達部份審核結果，計有小型水力發電工務所列報職員伙食補助費，水利示範工程處水文站列支職員伙食補助費等項，經核與規定不合，均已分別通知查詢或剔除在案，但多未准聲復結案，故不列舉數字。

第三章　自治財政歲入歲出審計概況

　　戰時自治財政支應，既已更形浩繁，而法定收入反見短絀，取用多有未合準則，故本部近年均以縣財務之抽查，列為各省審計處中心工作，對於各縣財務管理制度之健全，匪特頗著良好之影響，而且亦有助於自治工作之推進。查三十四年度事後審計事務，關於縣財務之抽查一項，曾以戰事緊張之關係，奉令轉飭停辦，惟當時交通梗塞，各省審計處奉到通令時，業有繼續往年成案派員分赴各縣實地抽查者，統計本年度抽查蒇事報部覆核者，計有閩、浙兩省，除抽查結果分詳於各該省一節外，茲將各省審計處審核各縣財務收支情形列表揭示如左：

審計部各省審計處審核三十四年度自治財政歲入歲出統計表

省別		江蘇省	浙江省	安徽省
歲入	計算數			
	核准數			
	存查數			
歲出	計算數	24,724,328.00	1,742,782,605.00	27,512,453.00
	剔除數	185,998.00	6,559,640.91	347,824.00
	核准數	19,720,046.00	1,619,405,151.00	25,574,276.00
	審核數	4,818,284.00	116,817,813.09	1,590,353.00

省別	江西省	湖北省	湖南省
歲入 計算數		299,630,793.90	
歲入 核准數		299,630,793.90	
歲入 存查數			
歲出 計算數	65,176,400.92	1,392,664,481.93	59,305,406.15
歲出 剔除數	333,102.85	6,450,346.24	42,677.78
歲出 核准數	64,843,298.07	1,382,183,595.31	59,259,670.37
歲出 審核數		4,030,540.38	3,058.00

省別	四川省	陝西省	甘肅省
歲入 計算數	850.00		
歲入 核准數	850.00		
歲入 存查數			
歲出 計算數	407,641,577.00	673,686,628	34,962,022.00
歲出 剔除數	79,223.58		10.00
歲出 核准數	407,532,434.09	673,686,628	34,962,012.00
歲出 審核數	29,920.00		

省別	福建省	廣西省	貴州省
歲入 計算數	138,345.90	589,473,545.56	
歲入 核准數		589,473,545.56	
歲入 存查數			
歲出 計算數	37,840,625.09	2,961,517,843.26	9,642,400.00
歲出 剔除數	451,305.44		10,600.00
歲出 核准數	37,389,319.65	2,961,517,843.00	9,631,800.00
歲出 審核數			

省別	合計
歲入 計算數	889,243,535.36
歲入 核准數	
歲入 存查數	
歲出 計算數	7,437,456,771.00
歲出 剔除數	14,460,728.80
歲出 核准數	7,295,706,073.75
歲出 審核數	127,289,968.47

第一節　江蘇省

　　該省本年度縣財務審核情形，一以全省各縣均以淪於敵後，一以本年度奉令停辦縣財務抽查，故其自治財政之收支於勝利復員前全無審核數字，迨勝利復員後，審核數字除歲入類仍付缺如外，總計歲出類計算數二千四百七十二萬四千三百二十八元，剔除數一十八萬五千九百九十八元，核准數一千九百七十二萬零四十六元，審核數四百八十一萬八千二百八十四元。

第二節　浙江省

　　該省縣級機關單位幾及萬數，加以年來臨時費之支出增多，審核工作更形繁冗，該省審計處仍能以有限之人力物力，注意隨到隨辦，十月復員回杭，業務推行，益形便利。截至三十五年六月底止，審核本年度縣級機關各項月份會計報告，計剔除數六百五十五萬九千六百四十元九角一分，又剔除公糧八十五石一斗八升八合，至決算部份除迭經函催迄未送審外，僅就所送三十四年度財務收支統計紀錄，各月份及年度會計報告，加以審核，以內容不全均予存查。計審核本年度縣級各機關送審，歲出計算數十七億四千二百七十八萬二千六百零五元，關於剔除數已如前述，至核准數則為十六億一千九百四十萬零五千一百五十一元，審核數一億一千六百八十一萬七千八百一十三元零九分，該處以戰時交通梗阻，消息傳遞遲緩，本年度縣財務抽查暫行停辦之通令奉到時，業已抽查永嘉、樂清兩單位，所有抽查結果並已函省政府轉飭辦理。

第三節　安徽省

　　該省縣地方歲入類會計報告，多未能依照規定送審，隨時令飭催告。至縣級地方歲出方面，各縣政府本身及縣會計室經臨費會計報告，均能按期送審，惟因各縣會計人員對於法令不甚熟諳，技術未臻健全，以致所送會計報告仍多不合規定，本年迭經令飭改善，較之上年已有進步。此外關於各縣領支公糧計算，縣政府本身尚能按期編送，其縣屬機關以組織簡單未設專任會計人員，故多未能造報，已送審部份均經依法審核完竣，統計本年度計算數二千七百五十一萬二千四百五十三元，剔除數三十四萬七千八百二十四元，核准數二千五百五十七萬四千二百七十六元，審核數一百五十九萬零三百五十三元。

第四節　江西省

　　該省各縣會計報告多未依限送審，除迭函省府通令
飭遵依限送審外，茲就已送審者審核結果，內有實付數
超過核定預算數支出單據，不合法印章以蠟紙油印模
仿，及不經濟之支出等情事。此外尚有無案可稽，書表
缺少，計算錯誤及漏蓋名章等項，均經分別繕發審核通
知。總計所報計算數六千五百十七萬六千四百元零九角
二分，剔除數三十三萬三千一百零二元八角五分，核准
數六千四百八十四萬三千二百九十八元零七分，其餘尚
在行文查詢中。

第五節　湖北省

　　該省縣市地方機關歲入類會計報告，多能按時送審，其送審費類計有行政收入、事業收入、衛生收入，列報總數為三億九千九百六十三萬零七百九十三元九角，均予核准。至於地方機關歲出類會計報告，大致多已送審，其已送審之費類計有行政支出、教育文化支出、經濟建設支出、衛生治療支出、社會救濟支出、保警支出、財務支出、退休及撫卹支出、補助支出、新興事業支出、生活補助費支出、公糧支出、營業支出以及縣自治財政支出，經核除有少數機關未能依其規定辦理外，其餘均已造報，而列報總數為十三億九千二百六十六萬四千四百八十一元九角三分，核准數為十三億八千二百一十八萬三千五百九十五元三角一分，剔除數為六百四十五萬零三百四十六元二角四分，審核數為四百零三萬零五百四十元三角八分。

第六節　湖南省

　　該省淪陷縣份於光復後仍多因事實困難，未將以前會計報告送審，故審核單位較以往各年度為少，查其審核縣級各機關歲出會計報告，計有行政支出、教育文化支出、經濟支出、衛生支出、治療支出、社會救濟支出、保安支出、財務支出、補助及協助支出、其他支出等九個費別，總計審核之計算數為五千九百三十萬五千四百零六元一角五分，核准數為五千九百二十五萬九千六百七十元三角七分，剔除數四萬二千六百七十七元七角八分，審核數三千零五十八元。至於縣級各機關歲入部份所送之會計報告，共八百一十六萬一千二百五十四元，均經依法審核並分別予以存查矣。

第七節 四川省

　　該省地域遼闊，機關繁多，自本年度起各縣市局及所屬機關之各項會計報告，均依法全部送審，惟歲入類僅審核計算數為八百五十元，核准數為八百十五元，歲出類審核計算數為四億零七百六十四萬一千五百七十七元六角七分，核准數為四億零七百五十三萬二千四百三十四元零九分，剔除數七萬九千二百二十三元五角八分，更正數為二萬九千九百二十元，縣市局各機關食米存查數為十萬三千九百石四斗。

第八節　河南省

　　該省審計處本年三月間宛西戰事突變，倉促撤移，
檔案簿籍完全損失，審核工作亦告停頓，迨戰局稍定，
正擬積極展開工作之際，朱陽關方面再度緊張，省府各
機關再告轉移，原計劃又告中止，所有事後審計業務，
時作時輟，檔案簿籍遺失，致無審核數字可為具報。

第九節　陝西省

　　該省本年度截至三十五年六月底止，送審縣市局計有長安等縣、西安市政府及黃龍設治局等，歲出類總會計共計七十一單位，計審核之計算數為六七三、六八六、六二八‧〇〇元，均予核准，其餘各縣正在催告送審中，惟以各縣會計人員對於會計事務殊久諳練，經本處不時之督導與糾正，已日有進步矣。至三十四年度會計報告，截至上述同時期止，大體業已送齊，審核結果除潼關縣等四十五單位內有超越預算，或列數錯誤，或編造不合，或附件不全等情事，已分別繕發審核通知外，其餘如三原縣二十六單位，大體尚無不合，已予核准或存查矣。

第十節　甘肅省

　　該省本年度各縣市局會計報告，截至三十五年六月底止，除合水、環縣情形特殊未送審外，其送審者，計有蘭州、皋蘭縣等七十單位，蘭州市政府所屬各機關除鄉鎮外，其餘均全部送審至各縣局，送審者仍依該省審計處與省府規定辦理，計有縣政府、警察局、縣立中學、師範、職業各學校會計室、電台、苗圃、衛生院、參議會等機關，經費總計審核計算數三四、九六二、○二二‧○○元，剔除數一○‧○○元，核准數三四、九六二、○一二‧○○元，其餘各機關及鄉鎮保公所之計算書類暫送，由縣政府先作行政審核後，妥為保存以備派員抽查。又三十四年度各縣局經費內均有增加辦公費，係由稅捐超收項下開支，多未能依法辦理追加預算，經分別查詢並通知補送核定，追加預算以憑核辦，他如永登等十三縣及肅北二局會計報告，除發現內有油印模仿名章，或漏蓋名章及漏送平衡表，漏貼印花，專員兼縣長支領養廉金，私人酬酢費等情事，業已分別繕發審核通知外，其餘大致尚符，亦已分別予以核准或存查矣。

第十一節　福建省

　　該省審計處本年度審核縣地方各機關收支計算情形，在收入計算方面，各縣地方機關歲入自田賦徵實，由中央統一徵納後，其餘各項收入除屠宰稅外，均為數甚少，各縣對歲入類會計報告大部份均未送審，三十四年度僅有少數學校收入會計報告送審，經予分別核准，計達十三萬八千三百四十五元九角，其餘未送審者，亦經分別催告在案。至支出計算方面，該省共有六十六縣三十四年度支出會計報告，送審者計有四三縣，其餘各縣多因預算核定較遲，尚未開始編送，業經分別催告，總計本年度審核歲出計算數三千七百八十四萬零六百二十五元零九分，核准數三千七百三十八萬九千三百一十九元六角五分，內以長汀、上杭二縣送審情形較為良好，剔除數為三十二萬四千一百六十七元二角二分，內有三元、林森、福清、將樂四縣列報不當支出一萬零七百八十二元六角一分。永泰、晉江、南安、清流、海澄、政和等六縣內有不合規定之支出十一萬七千九百十四元二角七分，尤溪、永春、將樂等三縣內有超越預算之支出九萬八千二百十三元六角。東山一縣有跨越年度之支出二百一十七元七角四分，均經分別剔除並通知繳庫，或收回至抽查縣財務審計，本年度抽查縣財務工作奉令停辦，然在工作計劃未奉到以前，已派員抽查上杭、武平兩縣三十三及三十四年度財政收支，此項工作均照進度辦理，其有涉及糾正及處分事項，未經辦結者均於本年度內切實辦結。

第十二節　廣西省

　　該省審計本年度亦因戰事緊張，奉令停辦各縣財務抽查，故對各該縣會計事務之處理情形如何，未及查悉。然關各縣府送審收支數額，除列有超支預算者，已分別通知辦理追加手續外，餘均經核支出列數符合者，經常門計算數為二十六億九千八百五十六萬七千八百零七元八角六分，臨時門計算數為一億九千六百九十五萬一千九百零八元九角二分，特殊門計算數為六千五百九十九萬八千一百二十六元四角八分，再查收入列數相符者，經常門計算數一十三億三千零十四萬零八百八十元六角，臨時門計算數五億三千八百二十七萬三千八百四十元七角，特殊門計算數三千一百一十九萬九千七百零四元八角六分。

第十三節 貴州省

　　該省審計處本年度對縣財務抽查，亦奉令停辦。然審核各縣會計報表結果，發現一切收支大都尚能依照公庫法辦理，會計賬冊悉採用「貴州省各縣縣總會計制度草案」規定複式簿籍登記帳，依式編製會計報告，各縣送審計算數為九百六十四萬二千四百元，核准數九百六十三萬一千八百元，剔除數一萬零六元。

第十四節　重慶市

　　該市審計處審核重慶市所屬各機關計算書類之結
果，內有核准數剔除數及未結數等項，但所列各數係該
市府及所屬各機關三十一年至三十五年度之累計數，故
關於三十四年度歲出數究為若干，未予分別填列從略。

第四章　審計結果之統計

　　關於本年度國家財政系統，各類歲入與歲出之審計概況暨自治財政系統歲入歲出之審計概況，大致已見本報告書各章，茲為便於省覽，藉供查考起見，爰就現有資料擇其重要事項，編製統計圖表列入本章，其目次如左：

一、審計部國庫總庫審計辦事處核簽三十四年度收入總存款各項收入統計表、圖。

二、各省審計處核簽三十四年度撥款書金額統計表、圖。

三、審計部核簽三十四年度中央歲出支付書金額統計表、圖。

四、審計部核簽三十四年度省市歲出支付書金額統計表、圖。

五、審計部核簽三十四年度事業歲出支付書金額統計表、圖。

六、審計部審核三十四年度中央歲出金額統計表、圖。

七、審計部審核三十四年度省市歲出金額統計表、圖。

八、審計部審核三十四年度事業歲出金額統計表、圖。

九、審計部三十四年度各月辦理稽察案件統計表、圖。

十、審計部三十四年度辦理稽察工作節省公帑金額及件數統計表。

十一、各省審計處三十四年度辦理稽察案件數及節省公帑金額統計表、圖。

審計部國庫總庫審計辦事處核簽三十四年度收入總存款各項收入統計表

單位：國幣元

科目	預算數	調整後預算數	核簽數	核簽數佔調整後預算數百分比
總計	263,844,138,900	319,919,829,541	1,220,032,961,843	381
土地稅	18,508,500,000	18,758,500,000	4,946,748,831	26
所得稅	2,200,000,000	2,600,000,000	1,644,145,536	63
非常時期過份利得稅	2,500,000,000	3,100,000,000	1,493,751,767	48
遺產稅	200,000,000	200,000,000	125,352,549	62
營業稅	4,000,000,000	5,000,000,000	8,263,882,664	165
印花稅	1,300,000,000	1,300,000,000	5,350,891,488	411
關稅	659,996,600	1,681,496,600	2,243,395,242	133
礦稅	200,360,000	230,360,000	717,278,925	311
貨物稅	10,261,000,000	16,242,654,432	19,315,849,525	118
戰時消費稅	2,000,000,000	747,300,000	540,656,588	72
專賣收入	8,080,000,000	603,625,181	11,251,941,761	1865
罰款及賠償收入	80,299,300	92,358,355	434,632,429	471
規費收入	1,378,566,200	1,777,184,179	274,349,604	15
財產孳息收入	135,136,500	160,119,416	570,727,949	356
公有營業盈餘收入	1,102,858,200	16,603,683,759	736,653,783	44
公有事業收入	45,797,000	30,010,805	103,157,339	343
食鹽戰時附稅	33,312,062,800	33,312,062,800	44,601,049,218	133
財產售價收入	3,103,500	9,938,737	1,670,985,363	1855
捐獻及贈與收入	40,400,000,000	40,531,561,825	8,058,250,483	19

科目	預算數	調整後預算數	核簽數	核簽數佔調整後預算數百分比
租借物資及黃金售價收入	60,000,000,000	60,000,000,000	26,419,462,542	44
債款收入	77,497,452,800	77,497,452,800	1,064,366,905,299	1381
其他收入	20,224,300	108,016,664	58,384,143	43
鹽稅		39,310,528,219	2,530,441,402	6
收回資本收入		22,975,769	31,059,285	140
收回各年度歲出			2,524,932,193	
以前年度歲入款			1,769,247,622	
上年度結存轉入款			9,932,000,000	
暫收款			47,230,616	
信託管理收入			9,535,009	
未售債券本息			60,334	
鄉鎮造產基金收入			2,354	

國庫總庫審計處核簽三十四年度收入總存款
各項收入統計圖

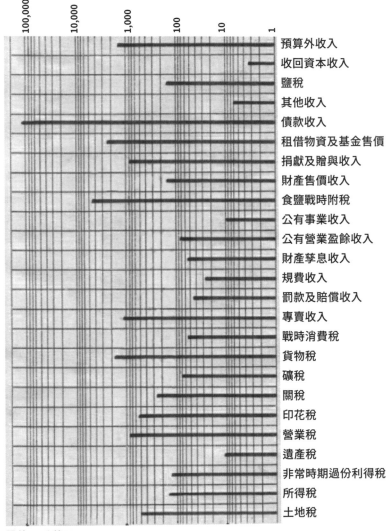

單位：千萬元

各省審計處核簽三十四年度撥款書金額統計表

單位：國幣元

處別	調整後預算數	核簽數	核簽數佔調整後預算數百分比
總計	32,675,431,954	30,992,926,326	94
浙江省審計處	2,366,751,441	2,121,284,977	89
江蘇省審計處	（無報表）	483,335,808	—
江西省審計處	3,115,382,352	2,435,632,709	78
安徽省審計處	271,703,750	1,247,787,048	45
湖北省審計處	3,328,863,842	3,312,323,257	99
湖南省審計處	3,964,293,420	3,117,476,761	78
廣西省審計處	5,534,528,305	3,749,205,310	67
廣東省審計處	（無報表）	342,714,198	—
福建省審計處	2,264,427,356	2,154,673,390	95
貴州省審計處	2,321,311,354	2,046,257,894	88
雲南省審計處	2,898,486,055	2,839,258,030	96
四川省審計處	1,901,063,870	3,914,450,947	205
陝西省審計處	2,136,697,127	1,981,695,193	92
甘肅省審計處	131,923,082	1,246,830,804	951

各省審計處核簽三十四年度撥款書金額統計圖

審計部核簽三十四年度中央歲出支付書金額統計表

單位：國幣元

科目	總計	中央黨部主管	國防最高委員會主管
預算數	224,018,756,600	3,278,680,500	189,156,000
調整後預算數	876,770,412,375	14,377,885,352	608,950,952
核簽數	872,105,869,429	13,322,711,460	603,084,893
轉入下年度預算數	1,340,642,864	2,347,100	2,434,286
預算餘額	3,323,900,073	1,052,826,792	3,431,773
核簽數佔調整後預算數百分比	99	92	99

科目	國民政府主管	行政院直接主管	內政部主管
預算數	267,300,300	331,440,400	396,914,100
調整後預算數	1,165,997,362	3,622,560,273	1,847,541,558
核簽數	1,160,333,537	3,622,560,273	1,824,831,329
轉入下年度預算數	3,484,325		4,244,000
預算餘額	2,179,450		18,466,229
核簽數佔調整後預算數百分比	99	100	98

科目	外交部主管	軍政部主管	財政部主管
預算數	218,986,100	166,008,600,000	14,399,761,200
調整後預算數	665,468,946	685,960,750,139	46,689,871,427
核簽數	633,533,434	685,953,426,985	46,689,852,741
轉入下年度預算數	1,286,534		7,450
預算餘額	30,648,977	7,323,154	11,236
核簽數佔調整後預算數百分比	95	99	99

科目	經濟部主管	教育部主管	交通部主管
預算數	331,833,200	7,826,466,100	556,351,100
調整後預算數	2,653,501,221	29,621,931,356	1,843,969,007
核簽數	1,243,485,561	29,210,595,003	1,140,165,347
轉入下年度預算數	1,132,109,045		
預算餘額	277,906,614	411,336,353	703,803,659
核簽數佔調整後預算數百分比	46	98	61

科目	農林部主管	社會部主管	糧食部主管
預算數	75,510,300	435,132,500	8,191,030,700
調整後預算數	347,006,900	1,539,139,371	37,097,299,791
核簽數	270,902,549	1,536,760,755	37,097,256,410
轉入下年度預算數	43,192,425	2,378,616	
預算餘額	32,911,926		43,381
核簽數佔調整後預算數百分比	79	99	99

科目	司法行政部主管	蒙藏委員會主管	僑務委員會主管
預算數	3,644,564,200	79,196,500	30,008,400
調整後預算數	24,022,360,342	221,380,963	132,204,334
核簽數	24,015,960,364	221,317,793	129,738,440
轉入下年度預算數	590,670		2,325,894
預算餘額	5,809,308	63,170	140,000
核簽數佔調整後預算數百分比	99	99	97

科目	振濟委員會主管	水利委員會主管	衛生署主管
預算數	500,852,600	81,394,300	343,572,700
調整後預算數	1,027,099,967	418,252,801	1,503,700,743
核簽數	1,020,580,196	331,697,260	1,499,334,956
轉入下年度預算數	2,672,440	47,193,464	
預算餘額	3,847,330	39,362,076	4,365,787
核簽數佔調整後預算數百分比	99	79	99

科目	地政部主管	立法院主管	司法院主管
預算數	478,951,000	64,499,700	99,554,400
調整後預算數	1,426,587,880	226,745,281	290,241,582
核簽數	1,412,896,351	226,745,281	289,667,544
轉入下年度預算數	9,160,105		
預算餘額	4,531,423		574,038
核簽數佔調整後預算數百分比	99	100	99

科目	考試院主管	監察院主管	債務支出
預算數	158,208,100	300,358,800	4,788,662,900
調整後預算數	509,129,894	1,128,027,787	15,829,527,248
核簽數	502,884,366	1,124,061,312	15,818,709,424
轉入下年度預算數	2,839,100	3,966,475	
預算餘額	3,406,428		10,817,824
核簽數佔調整後預算數百分比	98	99	99

科目	公務員退休及撫卹支出	補助支出	第二預備金
預算數	847,240,000	112,526,200	9,980,003,800
調整後預算數	870,515,725	759,242,810	363,521,406
核簽數	451,366,458	751,409,402	
轉入下年度預算數	80,410,935		
預算餘額	338,738,331	7,833,408	363,521,406
核簽數佔調整後預算數百分比	51	98	100

審計部核簽三十四年度中央歲出支付金額統計圖

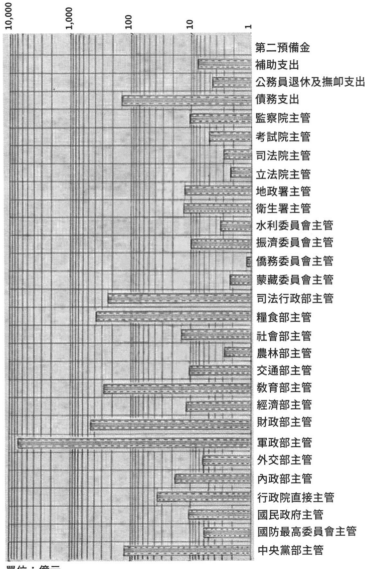

單位：億元

審計部核簽三十四年度省市歲出支付書金額統計表

單位：國幣元

科目	江蘇省	浙江省	安徽省	江西省
預算數	234,795,000	831,664,000	679,823,000	1,152,859,000
調整後預算數	668,008,940	1,960,839,844	1,566,182,227	2,134,067,777
核簽數	664,091,129	1,804,554,579	1,517,622,227	1,752,627,777
轉入下年度預算數		83,764,200	5,121,216	211,538,212
預算餘額	3,917,811	72,521,065	43,438,784	169,901,788
核簽數佔調整後預算數百分比	99	91	96	82

科目	湖北省	湖南省	四川省	西康省
預算數	741,647,720	1,133,934,940	2,962,261,140	401,766,000
調整後預算數	1,957,385,238	1,761,163,521	3,280,452,078	1,141,700,693
核簽數	1,910,622,438	1,531,836,521	2,215,890,078	1,135,741,693
轉入下年度預算數	46,662,800	26,756,980		
預算餘額	100,000	202,570,020	1,064,562,000	5,959,000
核簽數佔調整後預算數百分比	97	86	67	99

科目	河北省	山東省	山西省	河南省
預算數	54,620,000	115,863,000	372,245,000	696,923,800
調整後預算數	677,493,842	937,051,358	1,873,285,000	2,810,191,934
核簽數	677,493,842	937,051,358	1,847,302,000	2,810,191,934
轉入下年度預算數			25,983,000	
預算餘額				
核簽數佔調整後預算數百分比	100	100	98	100

科目	陝西省	甘肅省	青海省	福建省
預算數	1,084,169,800	609,272,800	92,850,100	904,917,120
調整後預算數	3,217,721,945	1,165,851,595	387,683,593	2,464,594,575
核簽數	3,007,721,945	991,851,595	387,683,593	2,347,199,575
轉入下年度預算數	51,800,000			
預算餘額	158,200,000	174,000,000		117,395,000
核簽數佔調整後預算數百分比	93	85	100	95

科目	廣東省	廣西省	雲南省	貴州省
預算數	974,606,000	893,087,100	955,006,520	717,706,500
調整後預算數	2,639,918,516	2,818,198,926	2,860,798,690	2,620,836,196
核簽數	2,552,791,516	2,807,804,136	2,660,798,690	2,434,423,794
轉入下年度預算數	9,673,158	5,719,382		26,725,039
預算餘額	77,453,842	4,675,408	200,000,000	159,687,363
核簽數佔調整後預算數百分比	96	99	93	92

科目	遼寧省	吉林省	黑龍江省	熱河省
預算數	1,900,000	1,900,000	1,346,000	1,900,000
調整後預算數	4,835,882	5,493,242	3,164,842	380,285,642
核簽數	3,885,924	5,493,242	3,164,842	380,285,642
轉入下年度預算數				
預算餘額	949,958			
核簽數佔調整後預算數百分比	80	100	100	100

科目	察哈爾省	綏遠省	寧夏省	新疆省
預算數	8,383,000	124,472,250	207,274,010	59,406,000
調整後預算數	38,010,152	468,089,440	452,554,657	59,406,000
核簽數	38,010,152	441,689,440	389,554,657	
轉入下年度預算數		26,400,000		
預算餘額			63,000,000	59,406,000
核簽數佔調整後預算數百分比	100	94	86	－

科目	重慶市	分配數	縣市建設費	總計
預算數	646,970,000	800,000,000	600,000,000	18,063,569,700
調整後預算數	1,785,878,902	1,400,000,000	600,000,000	44,141,145,252
核簽數	1,657,009,779	1,285,125,104	457,912,450	40,657,430,357
轉入下年度預算數				520,143,987
預算餘額	128,869,123	114,874,896	142,087,550	2,963,564,608
核簽數佔調整後預算數百分比	92	91	76	92

審計部核簽三十四年度省市歲出支付金額統計圖

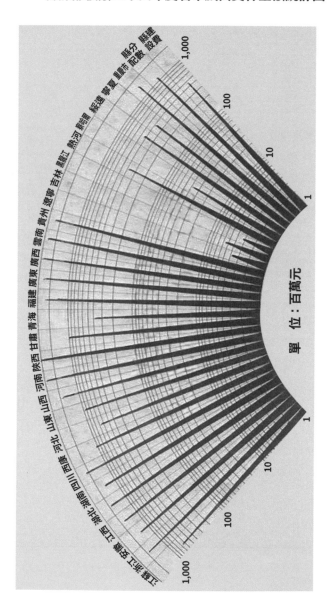

審計部核簽三十四年度事業歲出支付金額統計表

單位：國幣元

科目	預算數	調整後預算數	核簽數	預算餘額	核簽數佔調整後預算數百分比
I. 建設基金支出：	14,160,364,200	27,459,865,613	23,627,345,640	3,832,519,972	85
行政院主管	1,000,000,000	1,074,000,000	925,706,032	148,293,968	86
軍政部主管	10,291,400,000	12,440,617,700	8,874,008,205	3,566,609,495	71
財政部主管	50,000,000	50,000,000	50,000,000		100
經濟部主管	244,158,300	320,406,123	314,806,123	5,600,000	98
交通部主管	1,147,992,400	9,177,702,246	9,183,791,813	（超支）6,089,567	101
農林部主管	833,600,300	2,273,216,768	2,273,125,768	91,000	99
水利委員會主管	593,213,200	2,123,922,776	2,005,907,699	118,015,076	94

科目	預算數	調整後預算數	核簽數	預算餘額	核簽數佔調整後預算數百分比
II. 營業基金支出：	5,817,189,300	15,106,409,284	14,720,586,510	385,822,774	97
財政部主管	280,000,000	280,000,000		280,000,000	—
經濟部主管	1,996,000,000	1,968,682,240	1,936,712,242	31,970,000	98
教育部主管	27,529,300	50,529,300	50,529,300		100
交通部主管	3,426,000,000	12,600,037,742	12,557,899,658	42,138,084	99
農林部主管	54,660,000	63,160,000	35,500,000	27,660,000	55
振濟委員會主管	6,000,000	61,000,000	58,945,310	2,054,690	95
水利委員會主管	4,000,000	47,000,000	47,000,000		100
衛生署主管	18,000,000	31,000,000	29,000,000	2,000,000	99

科目	預算數	調整後預算數	核簽數	預算餘額	核簽數佔調整後預算數百分比
地政署主管	5,000,000	5,000,000	5,000,000		100

科目	預算數	調整後預算數	核簽數	預算餘額	核簽數佔調整後預算數百分比
III. 其他事業基金支出	1,784,259,100	2,466,363,721	2,398,101,453	68,262,268	99
行政院主管	1,000,000,000	1,568,939,927	1,480,145,427	88,794,500	98
教育部主管	50,219,100	84,984,900	114,517,132	（超支）29,532,232	135
交通部主管	394,040,000	394,040,000	358,040,000	9,000,000	99
糧食部主管	250,000,000	250,000,000	250,000,000		100
司法行政部主管	20,000,000	20,000,000	20,000,000		100
水利委員會主管	70,000,000	148,398,894	148,398,894		100

科目	預算數	調整後預算數	核簽數	預算餘額	核簽數佔調整後預算數百分比
總計	21,761,812,600	45,032,638,618	40,746,033,603	4,286,605,014	88

審計部核簽三十四年度事業歲出支付金額統計圖

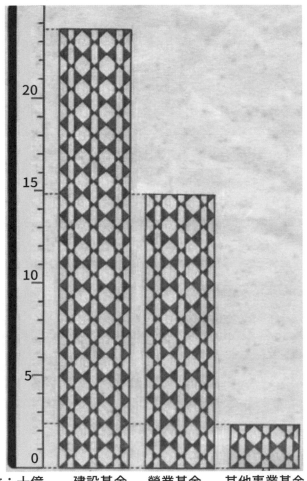

單位：十億　　建設基金　　營業基金　　其他事業基金

審計部審核三十四年度中央歲出金額統計表

單位：國幣元

科目	國民政府主管	行政院直轄主管	內政部主管	外交部主管
計算數	352,580,139	304,733,147	169,037,406	29,257,681
剔除數		50,680		
核准數	162,838,679	221,420,731	146,655,572	17,090,338
審核數	189,741,460	83,261,734	22,381,833	12,167,343
核准數佔計算數百分比	46	72	86	58

科目	軍政部主管	財政部主管	經濟部主管	交通部主管
計算數	52,399,221,221	3,490,183,654	294,388,213	542,046,699
剔除數	1,052,150,844	683,172	13,309	500,309
核准數	37,114,901,663	2,456,999,152	121,661,136	187,559,955
審核數	14,232,168,712	1,032,501,329	172,713,768	353,986,434
核准數佔計算數百分比	70	70	41	27

科目	教育部主管	農林部主管	社會部主管	糧食部主管
計算數	3,195,388,174	76,316,551	495,175,437	182,858,715
剔除數	883,699	2,850	340,740	1,235
核准數	2,305,214,389	63,136,213	347,595,287	166,349,514
審核數	889,290,075	13,177,487	147,239,410	16,507,960
核准數佔計算數百分比	72	82	70	91

科目	司法行政部主管	蒙藏委員會主管	僑務委員會主管	振濟委員會主管
計算數	140,270,936	46,479,981	14,655,948	157,480,778
剔除數				
核准數	119,051,205	38,706,818	11,404,050	116,776,420
審核數	21,219,730	7,773,162	3,251,898	40,704,357
核准數佔計算數百分比	85	82	78	73

科目	水利委員會主管	衛生署主管	地政署主管	立法院主管
計算數	136,829,974	418,629,292	51,834,209	67,256,288
剔除數	67,750	854,040		110,452
核准數	76,150,262	365,449,858	51,834,209	21,570,094
審核數	60,611,960	52,322,393		45,575,742
核准數佔計算數百分比	55	87	100	31

科目	司法院主管	考試院主管	監察院主管	總計
計算數	64,556,301	210,575,910	262,645,283	63,102,401,936
剔除數	220,140	860,000	41,400	1,056,783,620
核准數	29,971,651	147,337,703	136,361,630	44,426,036,629
審核數	34,364,509	62,378,207	126,242,253	17,619,581,787
核准數佔計算數百分比	45	70	19	70

審計部審核三十四年度中央歲出金額統計圖

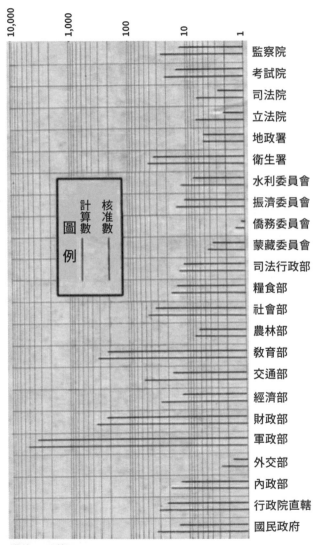

單位：千萬元

審計部審核三十四年度省市歲出金額統計表

單位：國幣元

科目	江蘇省	浙江省	安徽省
計算數	64,319,087	523,454,272	481,835,358
剔除數	4,244,129	3,891,073	62,927
核准數	49,947,152	518,563,198	458,788,146
審核數	10,127,806		22,984,285
核准數佔計算數百分比	76	99	93

科目	江西省	湖北省	湖南省
計算數	492,045,023	558,055,787	728,969,667
剔除數	10,523,284	4,104,857	993,968
核准數	481,521,739	553,753,795	521,759,814
審核數		197,135	206,215,885
核准數佔計算數百分比	97	99	71

科目	河南省	陝西省	甘肅省
計算數	631,539,094	271,209,678	702,830,675
剔除數	1,435,484	140	623,291
核准數	629,002,048	271,209,538	702,207,384
審核數	1,101,562		
核准數佔計算數百分比	99	100	99

科目	福建省	廣西省	雲南省
計算數	188,746,117	24,563,997	331,726,543
剔除數	172,074		107,960
核准數	26,024,086	24,563,997	324,556,371
審核數	152,549,957		7,066,212
核准數佔計算數百分比	19	100	97

科目	貴州省	四川省	重慶市
計算數	842,693,761	69,584,863	150,392,043
剔除數	434,516		
核准數	765,379,552	69,584,863	47,579,317
審核數	76,879,693		102,812,726
核准數佔計算數百分比	90	100	31

科目	南京市	總計
計算數	1,519,063	6,062,485,028
剔除數		26,589,703
核准數	719,591	5,455,160,594
審核數	799,471	580,734,731
核准數佔計算數百分比	47	89

審計部審核三十四年度省市歲出金額統計圖

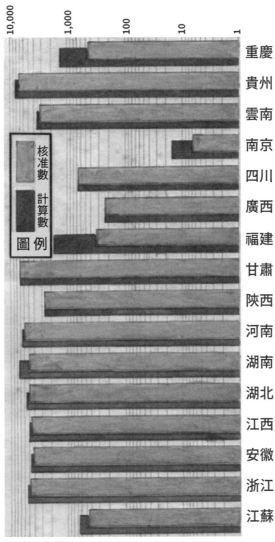

單位：十萬元

審計部審核三十四年度事業歲出金額統計表

單位：國幣元

科目	計算數	剔除數	核准數	審核數	核轉數佔計算數百分比
1. 建設基金支出：	2,517,934,006	1,390,296	1,003,004,920	1,513,538,849	39
經濟部主管	328,532,063	492,009	160,565,492	167,474,562	48
交通部主管	1,103,876,227	112,846	108,787,104	994,976,276	9
農林部主管	561,220,729	182,930	417,891,564	143,146,234	74
水利委員會主管	524,305,044	602,511	315,760,758	207,941,775	60
2. 營業基金支出：	936,732,050			936,732,050	—
經濟部主管	37,604,126			77,604,126	—
交通部主管	879,881,367			879,881,367	—
農林部主管	19,246,556			19,246,556	—
總計	3,454,666,117	1,390,296	1,003,004,920	2,450,270,900	29

審計部審核三十四年度事業歲出金額統計圖

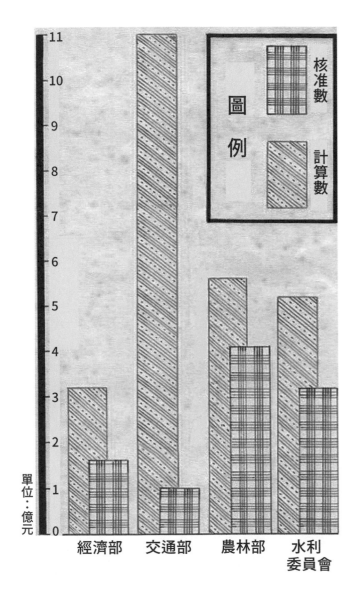

審計部三十四年度各月辦理稽察案件統計表

單位：件

事項別		總計	一月	二月	三月	四月	五月	六月
總計		6,888	546	452	771	553	533	557
監視事項	合計	3,852	384	312	461	237	253	257
	1. 監視各種公債抽籤還本	73	5	5	11	6	6	8
	2. 監驗各機關營繕工程	1,669	167	146	209	29	94	107
	3. 監驗各機關購置及變賣財物	1,629	141	112	189	161	123	59
	4. 監驗軍用被服	481	71	49	52	41	30	83
調查事項	合計	767	46	46	66	64	61	75
	1. 調查審計上發生疑義及公務員貪污案	190	7	15	14	13	14	18
	2. 調查各機關現金財物損失案	577	39	31	52	51	47	57
稽察及檢查事項	合計	124	11	5	2	10	7	16
	稽查各機關收支盤查現金財物	124	11	5	2	10	7	16
其他事項	合計	2,145	105	89	242	242	212	209
	1. 審核財產報告表	1,772	82	45	175	216	195	169
	2. 審核各機關收支報告及各審計處稽察報告	163	7	33	51	8	3	21
	3. 其他審核及存查案件	201	15	11	16	17	14	19
	4. 審核各省審計處檢查各機關現金報告	9	1	—	—	1	—	—

事項別		七月	八月	九月	十月	十一月	十二月
總計		598	531	600	573	567	610
監視事項	合計	408	351	380	292	277	240
	1. 監視各種公債抽籤還本	4	4	6	6	9	3
	2. 監驗各機關營繕工程	197	158	170	161	113	118
	3. 監驗各機關購置及變賣財物	137	148	172	114	154	119
	4. 監驗軍用被服	70	41	32	11	1	—
調查事項	合計	53	67	73	72	95	49
	1. 調查審計上發生疑義及公務員貪污案	17	18	19	14	28	13
	2. 調查各機關現金財物損失案	36	49	54	58	67	36
稽察及檢查事項	合計	12	5	20	14	16	6
	稽查各機關收支盤查現金財物	12	5	20	14	16	6
其他事項	合計	125	108	127	195	176	315
	1. 審核財產報告表	108	81	99	170	134	298
	2. 審核各機關收支報告及各審計處稽察報告	2	4	2	4	20	8
	3. 其他審核及存查案件	14	23	26	18	19	9
	4. 審核各省審計處檢查各機關現金報告	1	—	—	3	3	—

審計部三十四年度辦理稽察案件統計圖

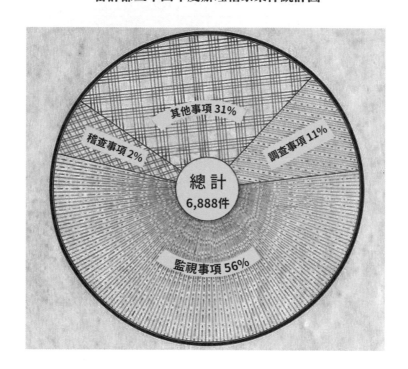

審計部三十四年度辦理稽察工作節省公帑金額及件數統計表

事項別	件數	原案價額（元）	核減及罰款金額（元）	實付金額（元）
總計	591	1,390,750,272	121,944,093	1,278,657,201
1. 監驗各機關修建房屋工程	43	720,501,105	71,493,973	649,007,132
2. 監驗各項修建國防工程	6	176,245,237	10,920,019	165,325,218
3. 監驗各機關印刷品	10	127,965,683	6,333,232	121,632,451
4. 監驗各機關文具用品	3	1,584,396	124,054	1,460,342
5. 監驗各機關購置財物	29	278,625,359	20,204,418	258,420,941
6. 監驗各機關變賣財物	2	3,700,000	275,000	3,425,000
7. 監驗各機關其他修建工程	17	82,128,492	2,742,375	79,386,117
8. 監驗軍用被服	481	—	9,851,022	—

備考：監驗軍用被服尚有遲繳布 52 疋 96.59 碼 20 公尺 11 吋 243 公分，棉花 497 斤 15 兩 4

各省審計處三十四年度辦理稽察案件統計

單位：件／元

處別	稽察案件數（件）	節省公帑金額（元）
總計	4,756	113,519,839
江蘇省審計處	38	—
浙江省審計處	136	707,221
安徽省審計處	127	947,793
江西省審計處	234	399,940
湖北省審計處	135	83,677
湖南省審計處	367	3,948,623
四川省審計處	675	—
河南省審計處	146	4,841,055
陝西省審計處	256	16,831,553
甘肅省審計處	384	45,187,511
福建省審計處	143	221,356
雲南省審計處	263	24,312,332
貴州省審計處	827	6,676,055
廣西省審計處	23	14,400
重慶市審計處	884	—
西北鐵路審計辦事處	90	9,040,372
鹽務總局審計辦事處	28	307,951

各省審計處三十四年度辦理稽察案件節省公帑圖

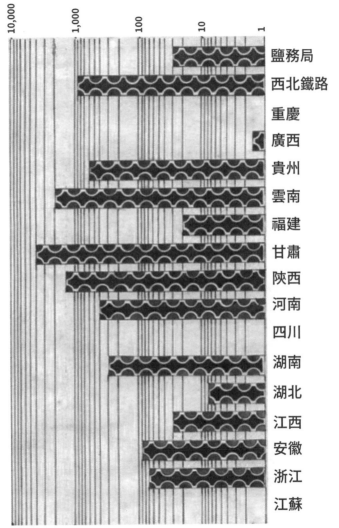

單位：萬元

第五章　建議改正之事項

　　謹按審計法第二十八條之規定，本報告書得就應行改正事項，附呈意見，謹就近年來審計之結果可得言者，約有數端，茲分別建議如次：

　　一曰、各機關單位歲入歲出分配預算，應儘速編送核轉：查歷年來國家總預算之頒布，恒有遲延，因之各機關單位歲入歲出分配預算，均未能依照法定期限編送，尤以各省市單位預算，往往年度已過大半，始行核轉到部，再核轉至各該管審計機關時，須一一追溯，沖轉手續繁複，困難實多，似此編送紆緩，欲求嚴格監督預算之執行，殊屬有失，時效亟應限制。各級機關於國家預算頒布後，必須依法定期間儘速將分配預算編送審核，各省市總預算尤應早日核定以資便利。

　　二曰、緊急命令撥付款應於國庫收支結束以前完成追加預算：查應變非常需款至急，為把握時間，有不能等待辦理追加，即以緊急命令撥付，雖事實上固屬必要，但歷年來核簽數字與年俱加，本年度緊急支付幾駕預算數而上之，雖本部對於此項撥付款之核簽一一遵照限制辦法辦理，而各支款機關事後手續皆漠然視之，不辦追加，置預算法而不顧，致使緊急支出愈積愈多，財政愈支愈濫。嗣後緊急命令撥付款應隨時補辦追加歲出預算，同時籌備財源辦理追加歲入預算尤應於國庫收支結束以前完成手續，則年度劃清不再影響次年度之預算，而國庫收支亦可以保持其平衡。

三曰、營業盈餘應規定分配標準，並將盈餘悉數繳庫：查公有營業機關之計算盈虧，向無統一分配標準，以致盈餘如何分配虧損，如何撥補，審核上殊感困難，又各營業機關每年度應解庫之盈餘多延不繳納，不獨影響國家歲入，其非法提撥發生流弊者亦覆不少，謹擬具辦法提供採擇：（一）應盡先撥補以前年度之虧損。（二）撥補後盈餘得提法定公積金十分之一暨特別公積金。（三）得按職工福利基金條例提撥百分之五至百分之十，並依國營機關人員待遇辦法，提撥全體員工三個月所得之獎勵金。（四）股息紅利公營應悉數繳庫，如有商股，除提撥紅利外，餘款全數繳庫，基於此點各該主管機關自應隨時稽核督促，以杜隱匿。（五）董監事酬勞金得准依其章程或董事會之規定支給之。（六）各項合法稅課及其他有法令之依據，得依法定之規定由盈餘支付之。（七）各項準備暨未分配盈餘及以前年度特別公積金，應悉數繳庫。（八）盈餘悉數繳庫後，本年度之虧損得由下年度盈餘填補，或呈請上級機關核轉流用公積金填補之，如有重大災變虧損時呈請政府撥補之。

四曰、上級主管機關向所屬業務機關提取攤派款項，應嚴予制止：查近年以來，各上級主管機關向其所屬各業務機關提取攤派款項，作預算外之收支，實屬非法，在本部派有就地審計人員，方能控制予以拒簽，而未派駐就審機關，殊難防範，應請政府通令制止各主管機關不得向所屬業務機關提取攤派款，以肅官箴而絕弊端。

五曰、國營事業機關特殊待遇應予糾正，以示公允：查國營事業機關人員待遇辦法第一條規定：「國營事業機關人員待遇得根據向來習慣自行規定，但所得總額不得低於各級公教人員相當等級，所得百分之二十亦不得高於百分之三十。」近年以來物價節節高漲，國營事業機關職工待遇均未遵照法令支給，每月皆按照生活指數按成折發，並另發給眷屬米糧，與政府機關公務員相較低昂殊甚，雖工役之待遇亦幾與政府機關高級簡任官相等，藐視法令，浪費公帑，致一般公務員不能安心服務，流弊所及影響至鉅，且其開支愈大，則成本愈高，循環不已致令物價高漲靡有底止。在政府平抑物價之下，國營機關反領導物價高漲，應請政府嚴飭各上級主管機關轉飭各國營機關，恪遵國營事業機關人員待遇辦法辦理，以重國帑而昭公允。

民國史料 39

抗戰勝利前後國民政府的審計工作（1945）

The Audit of Nationalist Government,1945

編　　者　民國歷史文化學社編輯部
總 編 輯　陳新林、呂芳上
執行編輯　林育薇
文字編輯　林弘毅
美術編輯　溫心忻

出　　版　🛡 開源書局出版有限公司

香港金鐘夏慤道 18 號海富中心
1 座 26 樓 06 室
TEL：+852-35860995

✹ 民國歷史文化學社 有限公司

10646 台北市大安區羅斯福路三段
37 號 7 樓之 1
TEL：+886-2-2369-6912
FAX：+886-2-2369-6990

http://www.rchcs.com.tw

初版一刷　2020 年 11 月 30 日
定　　價　新台幣 350 元
　　　　　港　幣　90 元
　　　　　美　元　13 元
I S B N　978-986-99448-7-8
印　　刷　長達印刷有限公司
　　　　　台北市西園路二段 50 巷 4 弄 21 號
　　　　　TEL：+886-2-2304-0488

國家圖書館出版品預行編目 (CIP) 資料

抗戰勝利前後國民政府的審計工作 . 1945 = The
audit of Nationalist Governmen. 1945/ 民國歷
史文化學社編輯部編 . -- 初版 . -- 臺北市：民國
歷史文化學社有限公司 , 2020.11

面；　公分 . -- (民國史料；39)

ISBN 978-986-99448-7-8 (平裝)

1. 審計　2. 國民政府　3. 民國史

564.992　　　　　　　　　　109017322